建造 榮耀教會.

迎接天國降臨..

蕭祥修

2021. 3.7

竭力愛神

太雅

從病房到至聖所

2020 年底，我在主日講道時，感覺身體出現異狀，緊急赴醫就診。經過兩週的檢查，醫生診斷我罹患了罕見的腦瘤疾病。在意識仍然清醒的狀態下，我的左半邊身體迅速地失去行動控制力。這對我個人、家庭、全教會而言，帶來了極大的震撼。

在我剛得知罹患這個疾病時，我跟神做了禱告，希望透過這次罹病，我渴望看見神成就的四件事：

首先我禱告，神要得著最大的榮耀。

第二，就是神的國度跟神的旨意要降臨在這地上，如同在天上。

第三，求神幫助我們更認識祂。我們很多時候被事情的表面蒙蔽，其實在艱難試煉當中，我們的信心會被提升，我們可以更認識神，能夠更認識神絕對是最大的祝福。

最後，可以把我們心中所要的跟神說，我們真的求神彰顯祂的權能，來醫治我們的疾病，來挪去我們生命當中許多的熬

煉跟試煉，讓我們的信心經過這一些的試煉，能夠忍耐並且成功，最後成全完備，讓我們在這個世界上毫無缺欠。

　　這場疾病，讓我從原先極度繁忙的牧會節奏，轉為面對密集的治療過程，很多個夜裡，我躺在病床上睡不著的時候，聖靈陪著我默想神的話。

　　聖靈帶領我重回聖經中約伯記的場景，看見約伯即便遇到人生的各樣挑戰，依然抱持對神極大的信心。突然間，我發現神在這個地上找一種人，就是不管什麼事情發生在他身上，他對神的公義、慈愛、良善的本質毫無懷疑。如果神能夠找到這樣的人，撒旦魔鬼會受到很深的羞愧，神會得著很大的榮耀。聖靈也帶我看見，當年的馬利亞在身處極度的危機跟苦難的情境當中，生出基督來。

　　縱使我現在尚未能明白，神要透過我罹患罕見疾病的過程，淬煉出什麼寶貴的信息？但我願意被神揀選成為如同約伯、馬利亞這樣的人，對神的作為毫無懷疑，竭力活出愛神的態度，榮耀祂的名。並在我生病的危機中，神能藉此把人類歷史往前推進一個新婦般榮耀的教會時代。

疾病不能停止我邁向神對我生命的旨意，我將生病中領受、宣講的信息收錄在本書中，但願任何與我一樣遭遇到生命重擊的人，在各樣的試煉中都要以為大喜樂，都能對神獻上頌讚。因為我相信，在生命的黑暗時刻對神發出的讚美，會震動天堂。

　　此外，我在本書的另一部分呈現了「健康教會七大支柱」：

1. 主日專業化
2. 牧養健康化
3. 培育系統化
4. 領導明確化
5. 服事權能化
6. 資源國度化
7. 異象全球化

　　這是我以領受的「21 世紀教會藍圖」的教會觀為基底，將這 25 年實際帶領旌旗教會的牧會經驗，特別是旌旗教會曾經歷過停滯與摸索時期，而後突破、開始成長的各樣策略與實際運

作要點。這七個支柱的牧會經驗，從 2010 年開始，曾陪伴超過300 間教會一起經歷復興與成長。

我渴望看見更多神的兒女，都能參與在建造剛強榮耀教會的行列中，願聖靈的感動與帶領，這些經驗分享能成爲眾教會建造者的祝福。

願我們無論處在什麼樣的生命光景，都能竭力愛神，不停止在遍地建造教會的腳步，神的國度將會因我們而降臨，祂要因我們的信心得著最大的榮耀，我們將一起迎向末後基督榮耀教會時代的來臨。

旌旗教會主任牧師

目錄

自序—從病房到至聖所   4

別冊—從旌旗教會看聖靈的九個果實   65

病中領受啟示亮光

在生命黑暗時刻對神發出的讚美，會震撼天堂。

我願相信神的良善永不改變   12

我願困境能生出榮耀的教會   18

我願儆醒迎接神的國度再臨   24

我願倚靠聖靈點亮聖經真理   34

我願成為神話語應驗的載具   40

我願獻上神的賞賜來榮耀祂   42

健康教會的七大支柱

一起迎向遍地充滿基督榮耀教會的時代。

緒論：健康教會的七個重要內涵	48
第一支柱：主日專業化	56
第二支柱：牧養健康化	98
第三支柱：培育系統化	120
第四支柱：領導明確化	146
第五支柱：服事權能化	160
第六支柱：資源國度化	166
第七支柱：異象全球化	178

第一部 | 病中領受
啟示亮光

我願相信神的良善
永不改變

2020 年底，我被醫生診斷出罹患罕見腦瘤，在生病這段時間的心路歷程，以及生病之後神給我各樣豐富的啟示，我特別想跟神國度的牧者、領袖、使徒、先知、團隊各種職分的人來分享。

「你們安臥在羊圈的時候，好像鴿子的翅膀鍍白銀，翎毛鍍黃金一般。」（詩篇 68：13）

很多人跟我一樣，從前就讀過這處聖經節，但我現在終於很深刻地感受這段聖經節的意思。在我得腦瘤開刀住院這段期間，因為身體行動不太方便，很多時候我只能躺臥在病床上。當我躺在床上的時候，我覺得我好像是躺臥在主的羊圈內的小羊。聖靈似乎讓我領受到，當我因為生病，失去過去習慣的生活方式，好像被繭裹住、不能動的時候，感覺像一隻小羊一樣，安臥在羊圈。

上面這處聖經節講道：「好像鴿子的翅膀鍍白銀，翎毛鍍黃金一樣。」我問聖靈，這是什麼意思？聖靈彷彿告訴我：「白銀就是在一片很亮的白羽毛上面，再鍍上一層白銀，鍍白銀，好像就是會有新的啟示臨到這隻鴿子一般。而鍍黃

金，則是將有更貴重的產業要賜給這隻小羊。」聽見聖靈這樣的啟示，我突然覺得，我多麼願意躺臥在羊圈，在我什麼事都不能做的時候，我求主讓我可以領受新的啟示跟亮光，也讓我可以領受神更貴重的產業。

如果有人也跟我一樣，正遭遇到生病或其他的困境，好像身體自由受到很大的限制，不得不安臥在主的羊圈的時候，你不要覺得那是浪費時間，請不要灰心，神正在把很多的啟示臨到在你生命當中，神要把更貴重的產業加增給你。

遭逢災難的人，渴望神能夠解釋一下

我相信有很多神的兒女、愛主的弟兄姊妹，在生命中遇到類似突然生病這樣的事情，會有很多的困惑，心裏或許會想：難道我不愛主嗎？難道神不愛我嗎？

當醫生向我們宣告我罹患罕見腦瘤這樣的疾病，對我跟我的家人真的是一個很大的衝擊。在住院開刀的期間，有幾個晚上不容易睡好，好像神特別在那時候向我顯明一些意念，聖靈把一些感動放在我的裡面。

其中有一個晚上，聖靈帶領我默想約伯記這部舊約的經卷，我想很多人都認識約伯記這卷書。約伯在上帝的眼中是一個義人，但是在他的生命、產業、家庭中，他卻遭遇到非凡的災難，經歷非常不容易的處境。

　　當聖靈帶領我進入約伯記當中，我好像看到那一天約伯在吶喊：「神啊！祢為什麼讓我遇到這樣的事情？」我後來再仔細去看約伯記，就注意到幾件事情：首先，約伯並沒有用口語來得罪神、冒犯神，他說「賞賜的是耶和華，收取的也是耶和華，耶和華的名是應當稱頌的。」我想，約伯是敬畏神的義人，約伯對神真的是大有信心。

　　但是約伯記也記載另外一些事情：他有三個朋友來找他跟他對話，這三個朋友在跟約伯談話的時候說到：「上帝是公義正直的上帝，上帝不會把不好的事情加在一個義人身上，一個人一定是生命當中有些罪，做錯了什麼事情，所以上帝才要用這些的苦難，來刑罰他或者來教育他、提醒他。」這三個朋友勸約伯要反省他自己，他有沒有什麼地方得罪了神？勸約伯要謙卑悔改在神的面前。

　　但是約伯覺得很困惑、委屈、冤枉，因為他不覺得他生命中有什麼地方，特別去得罪了神、冒犯了神。所以對約伯來講，朋友加給他的其實不是安慰，反而是很多的責難。在他很痛苦的時候，再加上這些的責難，對他來講實在是滿沉重的，所以約伯心裡要求神：「祢能不能出來跟我解釋一下，為什麼祢讓我遇到這樣的事情？」

神瞭解受苦者的疑惑與感受

　　當約伯心裡這樣想的時候，神就在旋風當中向約伯顯現。神跟約伯說：「約伯你像一個男人一樣，站在我面前跟

我辯論……」好像神要求約伯跟他辯論，當然約伯不敢跟神辯論，但是神好像把他心裡面的話講出來。神跟約伯說：「你是不是覺得我是一個不夠正直的神？你是不是覺得我是個不公義的神？我怎麼可以把這些不好的事情，加在一個好人身上？」

其實約伯從來沒有這樣講，約伯也不可能這樣表達，聖經說：「約伯就默然不語在神的面前」。但是我想，神把約伯心裡面的委屈表明出來，約伯似乎覺得，神祢怎麼可以這樣對待我？我哪裡做錯，祢為什麼讓這些的苦難臨到我身上？約伯雖然沒有用他的口舌冒犯神，但是神把他內心的委屈、嘀咕講了出來。

我想神了解約伯當時心裡面的不舒服還有困惑，神後來也沒有解答約伯的困惑跟問題，神只是跟約伯說：「約伯，當我創造天地萬物的時候，你有站在我旁邊嗎？我設立萬物運行的法則時，你有做我的參謀嗎？所以，你怎麼能夠從你的角度，來了解我是一個不正直的神呢？我是一個不公義的神呢？」

神在找尋對祂的良善毫無懷疑的人

突然之間，好像神讓我看到一個圖像：從上帝的眼光來看，神在這個地上找一種人，就是他不管發生什麼樣的事情，遭遇到怎麼樣的處境，他對神的公義、正直、良善、慈愛、恩典、憐憫、信實、可靠、聖潔的神的本質，毫無懷疑。

如果有一個人這樣子對神有信心，撒旦的權勢會崩潰瓦解，神的名會得著極大的榮耀。

從約伯的故事中，我深刻感受到一件事情：我們並沒有被邀請來，用我們人生的經驗、體會，來對神的本質做出判斷或者論斷；我們被邀請來相信，神是祂口中所說的那一位神，祂是充滿恩典、憐憫、滿有慈愛，不輕易發怒的神，祂是信實可靠良善，從亙古到永遠，永不改變的神。如果神能夠找到這樣的兒女在地上，無論遇到什麼困境都毫不懷疑地相信神，神就能夠藉著他們的信心，藉著他們的生命，使神的國度大大地彰顯，拓展開來，這樣子的人將可以成為神的器皿，成為祝福的管道。

在試煉中，神親自點亮祂的真理

我記得當天半夜的時候，我就跟神說：「神啊，我願意成為那樣一個有信心的人，不管發生什麼事情在我身上，我對祢的慈愛、良善、公義、聖潔、正直、可靠、信實可靠的本質，毫無懷疑。」當神在地上找到一個這樣的人的時候，撒旦的權勢就受到很大的震撼，因為撒旦就是用恐懼，用這些不好的遭遇，讓人對神的本質產生懷疑，對神不再信任，撒旦就是要達到這樣目的。

如果你正在經歷一些的試煉，不管是你生命中哪個領域的苦難，我鼓勵你這樣想：你不覺得這是個很好的機會來榮耀神嗎？你不覺得這是個很好的機會來認識神嗎？我相信你

在這個處境裡面，也可以為你的痛苦，還有你的需要來跟神
禱告，這絕對是可以的！但是不要只有求跟禱告而已，你可
以把感謝讚美歸給神，你可以問神說：「主啊，我在這個處
境裡面，要怎麼樣可以榮耀祢的名，在這個處境裡面，應該
要用怎麼態度來看待這件事情？」我相信神會點亮很多真理
在你的生命中，你將能夠把神放在你生命中的這些熬煉、鍛
鍊成為珍貴的信息傳遞給別人，這會是非常寶貴的事情。

我願困境能生出 榮耀的教會

在我生病之後，有很多人關心我、日夜為我禱告，我真的非常感動以及感恩。

其中，往年都會受邀來旌旗教會分享信息的美國維真神學院院長貝克博士，非常關心我以及旌旗教會，他還為了我禁食禱告。在禱告的時候，他為我領受到一段聖經節，覺得跟我的處境很相近，那段聖經節是天使出現跟馬利亞說：「妳是蒙大恩的女子，妳要從聖靈感孕，妳要生出基督來。」

當天使向馬利亞顯現的時候，馬利亞真的是嚇壞了，但天使第一句話就跟她說：「妳不要懼怕！」貝克博士用那段聖經節來鼓勵我，他覺得好像我是蒙神所揀選的人，來經歷一件不容易的事情，但第一件最重要的事情就是：「不要懼怕！因為神要用祂的能力覆蔽你。」

貝克博士接著跟我分享，事實上馬利亞未婚懷孕，在她的那個時代，這是生死攸關的，因為那個時代，如果一個女孩子還沒有結婚就懷孕了，是要被用石頭 K 死的。如果約瑟沒有同意遮蓋她，馬利亞就要冒著死亡的危險，所以對馬利亞來講，遇到這樣的事情，真的有很沉重的壓力。但是天

使對馬利亞說：「從妳的腹中要生出基督出來！」這段聖經節說到，馬利亞經歷這個危機的目的是要生出基督。然後貝克博士告訴我：「你經歷這樣一件事情，會有一個偉大的聖工（Great Ministry），從你這次的生命危機當中誕生出來。」

渴望看見遍地充滿榮耀的教會

我聽了貝克博士為我的領受之後，我就向神禱告說：「主啊，是什麼事情要誕生出來？我在靈裡思想：如果可以讓我選擇，我最渴望看見什麼事情從這個危機苦難當中誕生出來？如果馬利亞在這個危機跟苦難當中，她生出基督，那如果按著貝克博士的領受，在我這一次的生病危機當中，我覺得我最渴望看見——人類的歷史要進入一個基督榮耀的新婦教會時代來臨。

就如同旌旗教會的異象提到——遍地要充滿剛強榮耀的教會。按照聖經記載，當耶穌來的時候，有十個童女等候新郎的來到，有五個是聰明的，預備好油，五個是愚拙的，沒有預備好油。我覺得在預備末世的時候，地上會有很多預備好的教會，她們像榮耀的新婦一樣，預備新郎來迎娶。聖經中啟示錄說，聖城新耶路撒冷妝扮整齊，好像等候羔羊的迎娶，進入羔羊的宴席裡面一樣。雖然有時候教會存在的問題，的確會讓人覺得有點挫折，可是我相信到末後的世代，基督耶穌再臨之前，這地上會到處都充滿基督剛強榮耀的教會。我相信這個時代會來到，才能夠預備基督的第二次再來。

「SOP 加恩典」能跨越困境

神的大能會在我們的軟弱跟苦難當中，甚至死亡當中彰顯出來，但是當我們面對生命中不曾預期的苦難，或者是試煉、危機，該如何來度過這個不容易的過程？我特別領受到「SOP 加恩典」，可以讓神幫助我們在困境中生出盼望，有力量度過。就如同神先給以色列人律法，可是他們活不出來律法，所以最後神為他們預備耶穌基督的福音，神讓恩典等著他們。

我要鼓勵所有的人，當生命經歷挑戰的時候，依然要按照聖經的法則生活，來了解神那全備使人自由之律法，而且願意順服神的命令實行，包括跟神建立好的關係，跟人建立好的關係，願意去饒恕，願意彼此代求，願意付代價來更認識神的律法，願意更認識神的道，願意遵行神的道，在你平常的生活裡面，盡量去按照神的話來遵行，這些就是執行SOP，神會有恩典加添於你，在你所行的事上必然得福。

「從前偷竊的，不要再偷，總要勞力，親手做正經事，就可有餘，分給那缺少的人。」（以弗所書 4：28）

這句聖經節提醒我們要關注上帝的法則。過去你可能因為缺錢，然後想要用很多奇奇怪怪的手段跟方法，去賺很多錢，但那個不是上帝的法則，你要了解上帝的法則是什麼，上帝的法則要我們做正經事業，上帝的法則要你按照神的真理，用對的道路去做，當我們認真地按照神的 SOP 去執行的時候，恩典就會在路上等候我們。

「我若不信在活人之地得見耶和華的恩惠，就早已喪膽了。」（詩篇 27：13）

在我生病這段期間，因為要開始接受化療、電療的療程，而且要吃很多藥，許多人都提醒我，可能會出現很多副作用、身體不舒服等等，一般人還沒有進入療程，光聽到這些可能都要嚇死了。但我就用上面這段經文來宣告，我相信也許我會遇到一些挑戰，但神一定會有恩典為我預備。我很感恩的是，雖然我在療程中真的出現一些不舒服的反應，但都在神的保守中，透過醫療團隊的協助，很快排除身體的不適。當我們願意活出神所喜悅的生活方式，來做出合神心意的選擇，採取實際的行動，神的恩典總是在前面等著我們。

黑暗時刻的讚美會震撼天堂

我看過一個影片是在講台灣草鴞，這是貓頭鷹的一種，是台灣非常稀有的鳥類，全世界只剩下五百隻而已。影片中，我看到獸醫怎麼樣去拯救受傷的草鴞，他們要很小心用一種特製的鞋子，把草鴞的腳掌撐開來固定住，這樣等到草鴞身體恢復之後，牠的腳掌才不會萎縮、才能夠繼續用來獵食。

「人非有信就不能得神的喜悅，因為到神面前來的人必須信有神，且信他賞賜那尋求他的人。」（希伯來書 11：6）

一隻受傷的草鴞,很恐懼的把自己收縮起來,我看到這個畫面,靈裡面的感覺是,草鴞必須要信任人類是要來醫治牠的。如同草鴞受傷被嚇到的反應一樣,當我們落在黑暗時刻,內心受到驚嚇,我們常常第一個反應就是恐懼,而恐懼也很容易讓我們把自己收縮起來,然後就拒絕相信神,不相信任何外面的事物。

聖經上說,如果我要有盼望,首先我必須要相信有神,第二個相信神是要賞賜那尋求祂的人。如果那隻草鴞一直不相信人類的獸醫是要幫助牠,牠一直拒絕,最後這隻鳥是沒有辦法被救的。同樣的,在你生命遇到不容易的時刻,你也要相信神是要來幫助你、賞賜你的。

當我確認得到腦瘤這個疾病的時候,我常做的一個禱告就是:「主,我不相信這個病、這個腫瘤會攔阻祢在我身上旨意的成就,以及攔阻祢創造我的目的。除非祢允許,不然,我要活出祢創造我的目的。」所以,生病之後不管遇到什麼挑戰困難,我都覺得我該做的事情還是要去做,我也感受到神因此為我開了很多道路。

我覺得聖靈在我裡面說,黑暗時刻有很多可以盼望的。因此,在生病期間的某個夜晚,我特別有一個感動,就跟神說:「主,我願意在天堂發出一個震耳欲聾的讚美!」我覺得聖靈跟我說:「你這個時候可以,因為在你人生黑暗時刻,你讚美的聲音在天堂是震耳欲聾的。」

　　我想要鼓勵所有的弟兄姊妹，可能你現在的人生處境也跟我一樣，是處在一個人生的黑暗時刻，好像被繭困住的時刻。但是在這個時刻，我們仍然願意向神發出的讚美，這個在黑暗時刻的讚美是會震撼天堂的，這樣的讚美是比平常的讚美更強大，更有聲量的，會讓神得著極大的榮耀。

我願儆醒迎接神的
國度再臨

很多人說基督第二次降臨，就要在地上建立神的國度，不論是不是實體的千禧年，或神的國度降臨。事實上，神的國度降臨，在這地如同在天，是福音的本質。從但以理看到那個大金像，有一塊人手所鑿的石頭打下來之後，這地上歷世歷代的列國，就要成為神的國度。我心裡經常思索：當人們歡迎神的國度來到、歡迎基督第二次降臨，那會是一個什麼樣的圖像？

如果神的國度降臨，是如同專制極權國家那般地統治人民，如果神國是這樣子專政跟暴政的一個國度，人心不可能會信服，因為神是個仁愛的君王，神不是個暴君。從字面上來理解，當神的國度降臨的時候，就是耶穌在耶路撒冷做王掌權，藉著全世界的教會，在地上做王掌權，那實際上祂會怎麼運作？

神的國在地上彰顯

當很多人過著讓基督掌權的生活，他們有時也會面臨生命中許多的苦難，包括：疾病、破產、婚姻關係的破裂等等。

可是，因爲他們有教會生活，可以跟屬靈的家人一起禱告，在人生各樣苦難裡面，經歷神是信實可靠的神，經歷神是超自然醫治的神，而且他們相信神的慈愛，彼此相愛，彼此代禱，所以神的能力、神的國度，就臨到在這一群，過著榮耀基督新婦般教會生活的基督徒身上。

身邊的親人看見他們過這樣的生活，覺得好羨慕，當他們生病的時候有人代禱，他們遇到問題的時候有人扶持。如果神的國是這樣子，很多沒有信主的人會因爲羨慕，而想要加入教會，也想要成爲基督徒。

如果成爲上帝的兒女，進入神的國度是這麼有盼望，是這麼的有能力，是這麼充滿愛，彼此饒恕、接納、破裂的關係有機會恢復，縱然人生有很多的苦難，但這裡面有眞平安，人們就會渴望神的國度。

以我生病得腦瘤這樣的處境，從醫學上來說，可能生命只剩沒有幾個月的時間，但在這樣不容易的處境當中，因爲我有過教會生活，眞的享受到神給的很大的祝福，那就是在「關係」上的祝福。我有跟家人、跟教會同工、跟弟兄姊妹們、以及跟神很棒的關係，這就是神國度最令人羨慕的，也是我們一生當中最需要投資的。

人心渴望，基督必再來

當地上有很多這樣的教會時，人心就被預備好，迎接神的國真正的降臨。我常常想，你為什麼會想要去看一部電影？因為你先看了預告片，覺得預告片很精彩，所以會想要去看正片。

你為什麼會渴望耶穌的國降臨？因為你看到很多教會，當他們具體而微地活出神的國度的力量、快樂、喜樂、充滿盼望的人生，那如果小小的教會都已經這樣子，若是基督在地上做王掌權，神的國全面降臨的時候，那不更是好得無比嗎？地上很多的罪，人類歷史上很多的問題，就都被解決了。因為有公義、仁愛的王在這個世上統治，人心就渴望基督降臨來到地上，當地上的人心都預備渴望，讓基督來掌權的時候，基督才會再來，那個掌權才是被歡迎而來的，不是被迫的。

所以舊約的先知說，神要創造一顆肉心在我們裡面，讓我們真的愛神，渴望神的真理運行在我們的生命當中。當地上大多數的人都渴望這樣事情，神的國度降臨將會水到渠成。耶穌進耶路撒冷城時說，除非你們說，奉主名來的是應當稱頌的，不然不會再看到我。我認為耶穌在預表一件事情，除非地上的人類都渴望基督再臨，不然基督不會降臨在這個地上。就像施洗約翰預備耶穌第一次降臨，因為施洗約翰預備人心，迎接基督的來到，那麼教會要預備人心，迎接基督第二次的降臨。

　　所以我們要把教會，帶入一個基督榮耀新婦的教會世代，我們要讓全世界的人類，都渴望基督的國降臨在這地如同在天上一樣，透過教會彰顯神的國度，讓全世界的人類領受福音的好處，領受教會生活的祝福，領受神國度的祝福，當人心都渴望神國降臨的時候，耶穌基督必然在地上掌權。

神的應許應驗，基督必再臨

> 「天必留祂，等到萬物復興的時候，就是神從創世以來、藉著聖先知的口所說的。」（使徒行傳 3：21）

　　這段經文中，彼得說：天必留祂等到萬物復興的時候。「天必留祂」指著「天必留基督」，基督不會第二次再來，除非等到萬物復興的時候，這裡說的「萬物復興」的定義是什麼？這段聖經節後面說，就是神藉著眾先知的口所說的成就跟應驗的時候。

　　這句話對照到帖撒羅尼迦後書第二章有一段話說：保羅說，那不法的隱意已經啟動，只是還有攔阻他的，等到那攔阻他的挪開之後，那不義之子就會彰顯出來，他會自稱是神，也會讓很多不義的人，心中順從他跟隨他，其實就是指敵基督的來到。事實上，保羅在帖撒羅尼迦後書裡面沒有提清楚，那攔阻敵基督的不義之子是指什麼？他只是說會有一個攔阻在那地方，等到攔阻挪開之後，敵基督那不義之子就會彰顯出來。如果你對照帖撒羅尼迦前書，有特別提到教會

被提，所以很多人對這段聖經節的解釋，那攔阻就是教會，因為教會是地上光明的力量，所以黑暗的權勢不能夠觸動，直到當教會這個光明的力量被提的時候，那麼地上就沒有攔阻那黑暗權勢的力量，所以敵基督就會出現。

我尊重很多神學的看法這樣來解釋這段聖經節，認為那攔阻就是教會，有一天當教會被提的時候，攔阻就挪開了，這地上就被不義之子的權勢跟罪惡所淹沒。但是，我的看法比較不是這樣子。我認為那攔阻就是「神的應許應驗」的時候，意思就是說，天必留祂等到萬物復興的時候，也就是神藉著祂的眾先知所說的成就的時候，這裡眾先知說的是指「認識耶和華榮耀的知識，要充滿遍地像水充滿洋海。」

把世界帶回神起初的次序

在生病之後，我曾經做了一個夢，夢見跟環保有關的事情，就是一群黑色硬殼的海鮮，被大量從海底被撈上來，而且被殺死，為了供應人類海鮮的需要量。很特別的是，夢裡面都是黑人在做這件事情，後來在這個夢裡面，黑人就決定拒絕殺跟自己同樣顏色的海產。

我覺得那個感覺好像就是說，世界上為了生意，為了商業，為了政治的理由，有很多傷害環保、傷害環境、傷害天理、傷害真理、傷害愛的手段，使得神創造的本意和良善被損害了。

我覺得末後的世代就是，神的眾子要顯現，把這世界治理的權柄，從撒旦手中奪回到天父阿爸的手裡。好像神當初創造天地萬物，創造伊甸園的時候，是把治理的權柄交給人類，不是交給這個惡者的。

所以等到萬物復興的時候，萬物都等候神的眾子顯現。基督榮耀的新婦教會時代來到，就表示有大量的神的兒女，會很剛強勇敢不畏懼錢跟政治的立場，勇敢的把神的真理、神的愛，彰顯在自己的職場，在自己的環境裡面。他們願意勇敢為真理站立，這樣就會來到萬物復興的時代，也就會使眾先知所預言的都應驗的時代來到。

「認識耶和華的榮耀要充滿遍地，像水充滿洋海」這個運動即將來到，然後普世的華人，將成為這個運動的先驅。在過去的歷史中，華人好像一片屬靈的死屍跟骸骨，但是神的氣要吹在華人的身上，14 億的華人要起來成為耶和華榮耀的軍隊，到處建立基督榮耀新婦的教會，使認識神榮耀的知識充滿遍地，像水充滿洋海一樣，也因為有這些教會的興起，所以有許多很棒的、愛主的華人領袖，他們站在各個領域的職場山頭，做一個轉化者，他們剛強壯膽成為神的眾子，要把這整個世界治理的秩序，帶入神起初創造的次序裡面。

以藝術匯統華人的道與聖經的道

我在夢裡面特別感受到，華人是一個敬天行道的民族，這是五千年來神預備的。天行健，君子以自強不息，華人本

身是一個敬畏天的族類，而且知道宇宙萬物有一個法則，順著這個道運作的時候就會昌盛。這樣一個文化跟價值已經深植在華人裡面，我覺得中國的道跟聖經的道如果彙整好，讓聖經的真理能夠充份運行在華人的文化裡面，華人將大量歸主，而且會替天行道，替神把真理運行在全地當中，讓認識耶和華榮耀的知識充滿遍地，像水充滿洋海。

例如說：天壇並沒有偶像，天壇是敬天的，五千年來的皇帝，每一年都敬拜神。我覺得如果能夠用藝術去結合並傳達，華人在仰望跟等候就是道的來到，我相信福音會快速傳遍全 14 億華人，會令華人像屬靈的骸骨復甦一樣全面興起。

宣告這末後的日子是極其榮耀的，神要藉著華人來成就但以理的預言，那非人手鑿出來的石頭，砸在這歷世歷代的政權，基督的國會降臨在這地上，全世界會充滿神的榮耀，神的國要降臨在地如同在天。

我相信華人在這末後的世代，要扮演一個極關鍵的屬靈角色，剛強榮耀的新婦教會運動，要從華人啟動，所有華人的神的兒女，都應該要被聖靈激動起來，參與在這個屬靈枯骨大復興的運動裡，把神的福音、神的道充滿天下，聖靈的大能必要成就這件事情。

剛強的神兒女顯現，基督將再來

詩篇裡面說：從日出之地到日落之處，凡有氣息的都要

看見神的榮耀。聖經其他處也說：萬口要稱頌，萬膝要跪拜。
「萬」原文是「凡」，所有的人都要來敬拜稱頌這位神。我覺
得當福音傳遍天下，末期才會來到，萬物必須復興，那個「復
興」的原文是指「恢復到神創造的秩序」（order）。

　　萬物復興就是說，上帝創造天地萬物，本來是交給人管
理，但是人失落了他的管理權，被撒旦蒙騙，結果地球治理
得非常混亂，包括環保的問題、罪惡的問題，這世界很多的
痛苦都是因為人沒有盡好他的職責。所以聖經上講，萬物都
嘆息等候神的眾子顯現。萬物為什麼嘆息？因為它們自己不
願意，因為它們沒有辦法，它們是被動的，可是它們在等什
麼？等神的眾子顯現。

　　我靈裡面的感動就是，在人類歷史結局的時候，神要讓
祂的兒女再次恢復那管理的秩序。會有一個時代來到，就是
遍地充滿剛強榮耀的教會，因為剛強的教會，就會有很多剛
強的神的兒女。不管他經歷什麼樣的事情，他都相信神是慈
愛的、公義的，聖潔的，神的本質是值得信任的。聖經上
說，認識神的人必剛強行事，當一個人對神有充分的認識跟
信心的時候，他在這個地上就會變成很剛強。除非有很強盛
的教會，不然不可能有很強盛的神的眾子顯現。

　　所以我認為，先要有榮耀的教會的時代來到，然後神的
兒女才會剛強榮耀地活在世界上。不論他在哪一個行業，他
扮演什麼樣的角色：父親、母親、老闆、政治家、音樂家、
藝術家……，他們都可以把神的榮耀彰顯出來，都可以把神
的真理表明出來，這就是神的眾子顯現，也就是萬物復興的

時候。當教會能夠孕育跟培育榮耀的神兒女，那基督將會第二次再臨。

在我生病之後，我也迫切思索著教會的發展，要掌握哪些重點？我心裡出現一個感動：如同先知過去曾為旌旗教會發預言說：會有一些神的僕人來到我們當中，以為他是要來拿退休證的，但卻不是，他是要重新拿到出發證。因為培育一個領袖很不容易，撒旦有時候要來偷竊殺害毀壞，可是神要醫治、恢復他們，再重新差派他們去建造神的國度跟教會。

我領受這些領袖在重新出發之前，他們需要被修復、被醫治，我們可以設立像是醫治中心那樣，以禱告跟真理的教導，結合醫療的輔助系統，讓全球的華人領袖都可以來到醫治中心休息。我們會為這些領袖禱告、提供醫治，使他們身心都得恢復，全人都得到醫治，然後重新拿到出發令，被支持被代禱，因為身心靈健康，跟神跟人的關係都恢復健康，便能持續活在神的啟示亮光跟敬拜中，可以在全世界各地建立基督榮耀般的新婦教會。

我願倚靠聖靈點亮
聖經真理

當今我們所處的教會還不完美，還十分有限，如果渴望看見榮耀教會，究竟要怎樣才能形成呢？聖經在以弗所書記載：神要用水藉著道把教會洗淨，成為聖潔，沒有任何瑕疵皺紋等類的病，成為榮耀的教會可以獻給神自己。

教會怎麼可能沒有任何皺紋，怎麼可能沒有任何瑕疵？神就有辦法！神要用水藉著道把教會洗淨，水其實就是預備聖靈，道就是指神的話，當聖靈運行在神的話上面，教會就能夠進入一個聖潔、沒有任何皺紋瑕疵等類的病，成為一個榮耀的教會。

聖靈會幫助教會了解神的道

「我還有好些事要告訴你們，但你們現在擔當不了（或作：不能領會）。只等真理的聖靈來了，他要引導你們明白（原文作進入）一切的真理；因為他不是憑自己說的，乃是把他所聽見的都說出來，並要把將來的事告訴你們。」（約翰福音 16：12-13）

　　聖靈會幫助教會越來越了解神的道，這是祂在歷世歷代都在做的一件事。當我們藉著聖靈了解神的道，並且倚靠聖靈的大能，那麼每一間教會、每一個神的兒女，都會非常的剛強。聖靈帶領初代教會，把聖經正典完成，聖經是已經寫下來的話語，可是聖經裡面所寫的真理，我們卻未必充分了解並且活出來。

　　例如：聖靈曾經顯明一個很重要的真理叫做「因信稱義」。因信稱義的真理，雖然早已寫在聖經中，不論在羅馬書、加拉太書，保羅都講得很清楚。可是教會曾經經歷一段黑暗時期，並不了解因信稱義，還去買贖罪券，想讓自己的罪可以得贖。一個人如果對因信稱義的真理不了解，他怎麼可能過一個剛強榮耀的基督徒生活？他會汲汲營營去賺錢，去教會買贖罪卷，或許他還是會繼續犯罪，只要他錢夠多，他就覺得他的罪都可以被赦了。

　　我們今天知道因信稱義的真理，所以可以得享平安，因為知道主已經赦免我們的罪，稱我們為義人，有這個真理的亮光，在我們生命當中是多麼寶貴、多麼重要！當一個真理被聖靈的水流洗淨和點亮的時候，我們才能夠領受這個真理的祝福，基督徒才能夠活得很剛強，進而會帶來人類歷史重大的改變跟突破。

　　聖靈在歷史上不只做這件事情。又例如：聖靈讓初代的教父知道，神是三位一體的神。事實上三位一體這四個字從來沒有出現在聖經裡面，可是初代教會經過很多次的大公會議，他們在聖靈的帶領下，並研讀聖經，而知道神是聖父、

聖子、聖靈，三位一體的神，而且他們同時確認，耶穌基督是全人全神。所以尼西亞信經，以及其他的信經是透過這樣的過程，來確立基要真理。這些都是聖靈的光、聖靈的帶領，讓我們透過神的話，能夠了解神的真理，我們才能夠活在這個真理當中，教會才能夠剛強。所以聖靈在歷世歷代，不斷在點亮、啟明很多聖經當中的真理。

聖靈還點亮了約翰衛斯理的成聖論。我們不僅要得救，還要長大成熟，滿有基督長成的身量。當這個真理被聖靈點亮的時候，很多人都渴望追求更加聖潔的生活。還有，聖靈也點亮了宣教論，有一段時間教會不太重視宣教，認為得不得救已經被預定了。可是威廉克理來告訴我們，耶穌的大使命就是去使萬民作主的門徒。所以當教會開始宣教的時候，就趁著殖民運動的風潮，把福音傳入世界許多地方，這也是一個很重要被聖靈點亮的真理。

聖靈的亮光讓我們瞭解真理

有關聖靈的真理沒有被點亮的時候，教會認為聖靈的工作好像是異端一樣，對聖靈是很排拒的。但當聖靈的能力與教會同在，人們就真實地經歷到神的同在。今天我們可以看到教會很多人被聖靈充滿、得著聖靈的醫治、得著聖靈的能力、可以發預言、可以見異象，可以領受神的啟示。當聖靈回到教會的時候，我們看到像是韓國趙鏞基牧師他們的教會，可以達到 70 萬人聚會，看似不可思議卻不再是不可能的事情。

　　人類的歷史越靠近耶穌基督再來的時候，聖靈會大量點亮聖經中的真理。用水藉著道，我們才能聖潔，沒有瑕疵、沒有皺紋等的病，我們才能夠剛強。

　　這就好像一個舞台，道具其實都已經擺在那地方了，可是要等幕拉開了，演到某一個劇情的時候，聚光燈才會打在那個道具上，然後主角出現，跟那個道具配合，才能讓戲碼完整地呈現。我靈裡面的感覺是，那個舞台上的道具，就好像聖經的經文，聖經的經文全部都寫完了，不會再有新的經文，但是聖經的經文，是不是我們都活出來了？是不是我們都了解它的真理了？除非聖靈的光打在那個經文上面，讓我們可以了解，原來這個經文是可以這樣子活的，這樣子基督徒才能夠活在聖靈跟神的話當中，才能夠活出一個聖潔榮耀的生命。

　　所以，新世代的基督徒領袖，你們要去迎接一個「榮耀的新婦教會」的時代來到，你們有責任要把聖經當中，許多還沒有點亮的真理，在聖靈的光中把它點亮起來，然後把它表明出來。保羅說：願那賜人智慧的啟示的靈，啟示你們，使你們真認識祂，我們真的很需要聖靈的啟示，不然我們無法明白聖經上的話。

聖靈在下一世代將點亮更多真理

　　有一天我看到比爾・強生牧師的一本書，他的領受跟我幾乎完全一樣，讓我很驚訝。他說，在接下來的年代，真理

會大量被點亮與啓明起來，我聽了非常興奮，因為我們是不同國家的人，可是領受卻完全一樣。

所以我要鼓勵所有的牧者領袖，未來的使徒、先知、傳福音、牧師、教師，你們要勇敢的起來，向聖靈禱告，求聖靈點亮聖經當中許多的眞理，也用這些眞理來建造祂的教會，來建造神的兒女。讓我們把人類的歷史，帶入榮耀新婦教會的時代。遍地會充滿剛強榮耀的教會，神的眾子會顯現，所以萬物會復興，任何一個領域，都有神剛強榮耀的兒女站在那地方，把錯誤的修正過來，把不對的東西恢復到神的秩序裡面。神藉著眾先知所說的，在這末後的世代通通要應驗，當這些都應驗的時候，攔阻就挪開，基督就要再臨到這世界。

我們在世界上的年日非常有限，所以要認眞去回應神在我們身上的呼召。首先，要把神的眞理在聖靈中更多點亮起來，第二個要去建立一個剛強榮耀，像基督新婦般的教會或者小組，或者一個團隊，然後把神的國帶到地上來，如同在天上一樣。我覺得這就是神在末後世代要做的事，然後神的國會具體而微、大有能力降臨在這地上，如同在天上一樣，我們將迎接一個非常榮耀的時代來到，讓撒且的國度崩潰瓦解，讓牠受羞愧，讓神得著最大的榮耀。

我再次宣告，你被神呼召來執行這件事情！當我們遇到熬煉、被剝開的時候，我相信神要來成就這樣的事情，我相信你會比我更有恩膏，更強而有力的，去傳揚福音，建造教會，比旌旗教會榮耀十倍、千倍、萬倍，不只在台灣，在全

世界各地，我相信這是神給你的呼召，所以要起來跟隨神，在聖靈的光中來認識神的道。

　　若你跟神禱告，神一定會啟示你。當你遇到一些不容易的事情，在靈修的時候，神會藉著那些事情向你顯明祂的真理，你可以把它記錄下來，然後再查考經文做前後文的了解，這樣將會點亮很多聖經當中的真理。我再次說，任何一個聖經中的真理被點亮，都會帶來震撼天地的影響力，特別在聖靈的光中被點亮的時候，我相信這個任務，要交給你們繼續點亮聖經的真理，建造基督榮耀的新婦教會。

我願成為神話語 應驗的載具

　　在我生病這段期間，有天半夜，一個英文字「carrier」一直出現在我腦海裡。carrier 一般是翻譯成「航空母鑑」，但是我的領受不是航空母鑑，而是一個「載具」，或是一個「承載者」。

　　在我默想 carrier 這個字的時候，浮現的是耶穌基督騎著小驢駒進耶路撒冷城的圖像。其實那隻驢駒就是一個 carrier，牠載著基督進入耶路撒冷。我覺得那天晚上，神一直跟我講 carrier 這個字。新約聖經描述耶穌做很多的事情，都是刻意去做的，包括那隻驢駒，好應驗舊約先知所說 的：你的王要謙謙卑卑地騎著小驢駒進城。耶穌是為了刻意要去應驗，舊約聖經所說關於彌賽亞的很多的預言，這個就是 carrier 的意思。

　　「這天國的福音要傳遍天下，對萬民作見證，然後末期才來到。」（馬太福音 24：14）

　　我們要查考聖經，去了解神藉著眾先知說過哪些話？然後在新的時代裡面，我們每一個人都要成為神話語應驗的 carrier。神在末後的世代一定會讓萬物復興，會讓福音傳遍

天下，末期才會來到，所以，我們要把這些話刻意地去執行和落實出來。我們願意成為一個載具，讓聖經裡的話語，在我們生命當中應驗出來。如果你跟神這樣禱告，神一定很願意使用你，好像神使用那隻小驢駒，把基督載入耶路撒冷城。如果這樣子，榮耀的時代將來到，我們將迎接神的國度大有能力地降臨在這地上，如同在天上

我鼓勵所有人要預備好自己，每個人都是神要使用的，你是被神揀選的，神今天呼召你成為祂的兒女，神要你起來承接異象、恩膏、使命，因為你跟神末後榮耀的國度是有關的，你是為此蒙召、為此而生的。

所以當你跟神說：主啊！我願意像那隻小驢駒承載耶穌，神就一定會帶領你的生命進入榮耀的季節，而且神的能力運行在我們當中，神要藉著你在遍地建立基督新婦一般榮耀的教會，我們要一起看見這樣榮耀的事情發生。

我願獻上神的賞賜
來榮耀祂

　　當我分享聖經中約伯的故事，我感覺神在地上找一種人，就是不管任何處境，都相信神是祂自己所說的那一位。他對神良善的本質毫無懷疑。我的女兒跟我回饋說：爸爸，亞伯拉罕就是那樣的人。

　　她分享說，當亞伯拉罕帶著以撒要上摩利亞山，從世界的角度來看，神要他做一件違背神的本質的事情。違背神良善、公義、信實可靠的本質，因為神答應給他這個兒子，他是一百歲才得到這個兒子，可是神卻要他把這兒子殺了，獻祭給神，這樣他如何相信神是信實可靠，神從這個兒子要生出，多如同天上的星、海邊的沙的後裔？

　　可是亞伯拉罕在那時，他選擇信任神的本質。祂就是祂，祂如自己所說的，祂是信實可靠的那一位，而且祂充滿慈愛、充滿憐憫、充滿恩典。神的話語絕不落空，亞伯拉罕在實際的生活裡，他必須在完全相反的處境裡面，去相信神是信實可靠。神說，從這個兒子的後裔要生出如同天上的星、海邊的沙，非常多的後裔；他要相信神的應許，並順服神，願意把兒子獻上為祭。當他做這個動作的時候，天使出現阻止他，亞伯拉罕這個信心的行動，產生一個結果，就是

萬國因他得福。

神不斷預備亞伯拉罕的信心

亞伯拉罕是個非常好的例子，我覺得亞伯拉罕不是突然那一天，神才向他發出邀請，要他獻上以撒，我認為神不會突然給一個人很困難的功課，事實上在這個過程，神早已不斷預備亞伯拉罕的信心。

神邀請亞伯拉罕離開吾珥，離開他的本鄉本族，聖經說，亞伯拉罕離開的時候，甚至不知道去哪裡，可是他就順服地離開了。然後，神果然帶領祝福他，讓他的產業越來越豐富，多到一個地步，他和他的姪子羅得必須要分開，不然他們的牧草不夠吃，在那個過程中，上帝讓亞伯拉罕經歷祂對他的祝福、對他的信實帶領。

所以，這一點一滴都是神在祝福亞伯拉罕，神在建立亞伯拉罕對祂的認識跟信心，神也一路與亞伯拉罕同在，讓他的恩膏跟他的產業越來越龐大。這是一個建立亞伯拉罕信心的過程，直到神認為時候到了，神向亞伯拉罕發出邀請：他願不願意把上帝給他最大的祝福——以撒，獻祭給祂。亞伯拉罕必須要在那一刻信任神的本質，雖然從他的人生經驗看來，他即將體驗到一件非常殘忍的事情——他竟然要把他自己的兒子殺掉。聖經希伯來書那裡說：亞伯拉罕當時是相信，就算他把以撒殺了，神可以讓以撒從死裡復活，可見亞伯拉罕內心對神的信任，是到這個地步了。

把神賞賜的獻給祂

神尋找亞伯拉罕這樣的人，可能尋找好幾百年，也許神也曾經祝福一些人，甚至邀請某一些人，來成為像亞伯拉罕這樣使萬國得福的人。但是有一些人可能不願意，或者他們不願意跟隨神，或者他們不願意獻上，神給他們的賞賜，所以神只好一直在找一個願意的人，最後上帝找到亞伯拉罕。

我從神對亞伯拉罕一路的帶領，想到神何等祝福我的生命。神在過去這二十幾年，極深地祝福旌旗教會，神真的格外恩待我們，使我們昌盛、使我們興旺、使我們可以不斷植堂。從某個意義來講，我好像亞伯拉罕一樣，神祝福亞伯拉罕，一直與他同在，也一直建立他的信心，有一天神問他說，你願不願意把我的祝福獻給我？

好像我也覺得神問我說：「你願不願意把旌旗教會獻給我？像五餅二魚一樣剝開來，讓我使用。」我靈裡面覺得阿們！如果我能夠被神揀選，把神過去對我的祝福，對教會的祝福，再一次獻給神祢自己，讓祢可以像五餅二魚一樣，把它剝開來，祝福十四億的華人，或者祝福更多的人，那我真是何等的蒙恩、何等的蒙福。我若有機會做這樣的獻祭，我覺得這是一個很大的恩典，是千載難逢的機會。

神在找這樣子的人，就是不管任何的處境，你都相信神是祂所說的那一位：祂是耶和華以勒的神，耶和華拉法，耶和華供應我們，耶和華醫治我們，耶和華是仁愛、慈愛的、良善的、聖潔的，祂是信實可靠的神，從亙古到永遠……。

如果我們能夠成為這樣的人，而且不斷地向神獻上讚美，獻上感謝，不論處境怎麼樣，神都可以在這個地上，找到出口、找到窗口，可以讓祂的祝福，遍滿這地。

我想對讀到這篇信息的你說：神也會開始恩膏你，開始在你生命當中帶領你，讓你對神有更大的認識、更大的信心，可以一路跟隨神、服事神，讓神可以使用你，使萬國因你而得福，我覺得這是難得的機會，可以這樣來榮耀神，如果我們有一顆願意的心，神都可以使用。

就如同以利亞，以為只有他這個先知沒有向巴力跪拜，神說，還有七千個先知沒向巴力跪拜。我覺得那天半夜，神跟我說，未來會有成千上萬的人來認識神並且宣信對神的信任，我相信你就是這樣子的人，你要把神的榮耀大大的表揚讚美出來。

第二部　健康教會的

七大支柱

健康教會的七個重要內涵

不論是現職的教會領袖、核心同工,或是關心教會的每一位弟兄姊妹,甚或是被派遣出去植堂、植點的個人或是團隊……,所有熱心想要了解「建造教會」這個議題的人,應該怎麼樣去思考:如何能運作一個健康的教會?這本書的目的就是要幫助大家瞭解這個議題。

當我們參與教會生活,應該思考怎麼樣可以讓教會運作健康、有果效、帶出神的大能。我期待能將 25 年牧會的經驗,化做實質的操作面,分享「健康教會七大支柱」,期待大家一起來建立剛強榮耀的教會。在更深認識健康教會七大支柱之前,我要先來談談甚麼是「教會」?

「教會」這個詞首次出現在聖經

「我還告訴你:你是彼得,我要在這磐石上建立我的教會,陰間的門不能勝過它。我要把天國的鑰匙賜給你,你在地上所捆綁的,在天上將是已經被捆綁了的;你在地上所釋放的,在天上將是被釋放了的。」(馬太福音 16:18-19)

這裡是新約聖經第一次講到教會。這段經文寫成的背景是當時耶穌跟門徒在一起，耶穌問門徒說：「大家都說我是誰？」耶穌會這樣問，是因為那時候耶穌造成很大的風潮，人們對耶穌有正面的評價，但也有些很具爭議性。在耶穌那個時代的猶太人，他們都在等候那一位彌賽亞的來到，所以他們一直很困惑到底耶穌是不是那一位要來的彌賽亞？

耶穌也想了解一下門徒是怎麼認識祂的？當耶穌問門徒：「你們覺得我是誰？」彼得幾乎一聽到問題的瞬間，他就站起來回答：「你是基督是永生神的兒子，那基督就是受膏者，就是彌賽亞的意思。」耶穌聽完彼得講這句話，就跟彼得說：「這不是屬血氣的告訴你，不是你自己的認知，這一定是我天上的父啟示你，讓你明白的。」耶穌知道彼得領受了這個非常重要的啟示，顯明耶穌基督真實的身分，就是舊約預言那一位要來的彌賽亞，而且祂就是上帝的兒子。耶穌接下來就講到【馬太福音 16：18-19】這處聖經節，這是聖經新約第一次談到「教會」，也是耶穌第一次講到「教會」這個詞。

彼得這個名字的希臘文是「石頭」的意思，耶穌說：「你是彼得，或者說你是石頭，然後我要在這個盤石上，建立我的教會。」耶穌其實是一語雙關地說：「你是彼得，就是你剛剛所宣告的這段話，是我教會的根基，是我教會的盤石，我要在這個盤石上面，來建立我的教會。」而且耶穌說：「陰間的門不能夠勝過祂，這個門其實原來的意思是「權柄」的意思，就是指陰間的力量權柄不能夠勝過教會。」耶穌緊接

著說：「我要把天國的鑰匙賜給你，你在地上所綑綁的，我在天上將是已經被綑綁的。」換句話說，在天上是沒有時空的，教會在地上綑綁的，其實神在天上已經爲我們綑綁，我們在地上所釋放的，神在天上也已經爲我們釋放，這裡表明了兩個項度之間的互動奧秘。耶穌啓示一個非常重要的眞理：神讓祂的教會跟祂一起在地上執掌權柄，這是神耶穌基督第一次講到教會的時候，即賦予教會一個極大的權柄。

教會的主權需降服於基督

「基督愛教會，爲教會捨己。要用水藉著道把教會洗淨，成爲聖潔，可以獻給自己，作個榮耀的教會，毫無玷污、皺紋等類的病，乃是聖潔沒有瑕疵的。」（以弗所書 5：25-27）

保羅在以弗所書裡幾乎都在論述「教會」這個意義，他特別提到教會可以成爲一個榮耀的教會，而且是用水藉著道把教會洗淨的。這段聖經節裡的水是指著受洗。

我們都知道一個人要進到教會，他要受洗歸入主成爲基督徒，進到教會過教會生活。除了用水洗淨之外，還要用道，也就是神的話，藉著道把教會洗淨。水可洗我們的身體讓身體乾淨，但是對於基督的身體，則要用神的道來洗淨，當神的眞理被教會更多表明出來的時候，教會會越發的聖潔榮耀。

　　教會是屬於基督的，祂要來建造祂的教會，有時候我們可能會覺得教會是牧師建立的，教會是某某的教會，但嚴格講起來教會不是牧師的，也不是某某弟兄或姐妹建立的教會，教會是基督的教會。

　　因此當我們想要建造一個健康教會的時候，我們必須放下自我的想法，很謙卑地來到神面前，承認教會是基督的，按照神的想法來建立教會。我們必須把教會的主權交給基督，讓主按照聖經所指示的方式，來建造祂的教會。簡單來說，神對教會的心意就是要執行大誡命跟大使命，大使命就是要去使萬民作主的門徒，大誡命就是要幫助每一個人成長，有一顆愛神愛人的心。

陰間的權柄不能勝過教會

　　神賜給教會的權柄，是陰間沒有辦法勝過的，祂說我要在這盤石上建立我的教會，陰間的門不能夠勝過祂。這個陰間的「門」另外一個翻譯是「權柄」的意思。

　　這處聖經節，讓我對教會的認知有 180 度的翻轉，因為我從小在教會長大，我覺得教會大概就是 70、80 人到 100 人之間的大小，而且我之前所經歷的教會，會友大部分以老人與孩子居多，似乎青壯年紀的人比較不會去。教會好像就是一些有空的人去的地方，那些忙的人大概都不會去教會，教會給人一種弱弱的感覺。所以有時候我就覺得，教會好像一個家保護比較軟弱的人，在我從小長大的過程，會覺得撒

但好像吼叫的獅子到處遊行，要來吞吃神的兒女。撒但好像常常攻擊教會，然後我們要盡量來保護教會，教會不要被撒但攻擊、不要被撒但吞吃，這是我以前對教會的觀感。

但是當我讀到【馬太福音 16：18-19】這處聖經節的時候，我就覺得為什麼耶穌說：神賜給教會權柄，所以陰間的門不能夠勝過教會，當時我看不懂這是什麼意思？我覺得很困惑，撒但魔鬼為什麼一直拿著門來攻擊教會？攻擊不是應該拿著刀槍劍來攻擊嗎？那你拿著門來攻擊教會，當然你勝不過教會啊！

突然，聖靈提醒也指示我，古代的戰爭，如果一個城的城門被攻破了，這個城就被攻下了！當我想到這件事情的時候，突然發現，我以為陰間在攻擊教會，教會則一直在防守，一直在抵擋陰間的攻擊，但是其實耶穌的意思不是這樣。耶穌是說陰間是「防守方」，教會是「攻擊方」！當教會要來攻擊陰間的城門，陰間的城門是抵擋不住教會的。從耶穌的角度來看，這世界伏在那惡者的權下，到處有很多撒但的堅固營壘，但是當教會要攻擊這些堅固營壘的時候，每一個堅固營壘都會被攻破，因為陰間的營壘、陰間的城牆城池，它的門抵擋不了教會的攻擊。

神賦予教會最高的權柄

我想到當約書亞帶著以色列的軍隊，進入迦南地的時候，他們攻城掠地，沒有一個城池、城邦可以在以色列的軍

隊面前站立得住，因為當他們攻的時候，城門全部被攻破了。我相信當耶穌在講這段關乎祂教會的命定權柄時，耶穌心裡面所想的，就是約書亞跟以色列的軍隊進入迦南地。

世界是伏在那惡者的權下，到處都有很多罪惡以及撒但的作為，但是當神建立一間教會的時候，神要藉著祂的教會攻破一切堅固的營壘，攻破一切撒但的權柄，那些權柄能夠被教會奪回，沒有公義的地方會被公義充滿，沒有愛的地方要被神的愛充滿，沒有真理的地方要讓真理重新充滿在那地方。

地上沒有任何一個權柄，可以勝過陰間的權柄。當亞當夏娃犯罪的時候，這世界的權柄就落在世界的王撒但的手中，所以耶穌來到這世界上傳福音的時候說，這世界伏在那惡者的權下，所以整個世界最大的權柄，就是撒但魔鬼。當耶穌基督從死裡復活的時候，祂已經粉碎撒但的權柄，耶穌跟門徒說，天上地下所有的權柄都賜給我了。耶穌不僅勝過地上的權柄，耶穌也擁有天上的權柄，所以撒但的權柄臣服在基督的腳下。

如果從地上的角度來看，神已經賦予教會最高的權柄，超過任何地上的政權、組織。這些給了我們對教會的重要看法，否則我們可能會將教會邊緣化，覺得有空、沒事做的人去教會就好，這是非常錯誤的觀念。神的心意在教會，神的權柄彰顯是要藉著教會，當我們都投入建造健康榮耀教會的時候，我們同時也握有天上地下所有的權柄。

七大支柱穩固教會健康

　　教會要藉著神的道來潔淨。在二千多年的教會歷史，聖靈不斷地在每個時代繼續啓明更整全的道，其中最完整的啓示是耶穌基督道成肉身，以及後來新約聖經正典的形成。

　　舉例來說，宗教改革把一個最重要的眞理「因信稱義」表明出來，這個眞理是那麼簡潔扼要，可是卻帶來整個世界震撼性的影響，事實上還有很多的眞理已經啓示在聖經裡，但聖靈會在季節來到的時候，向我們進一步表明那些眞理的意涵。

　　我相信神要用水、藉著道把教會洗淨，成爲聖潔，沒有任何皺紋瑕疵的病，然後成爲一個榮耀的教會，獻給基督。看起來這是個預備的過程，就好像啓示錄說的，神讓祂的新婦裝扮整齊，然後預備基督新郎的迎娶。我相信神在歷史上預備祂的教會，透過神的道的啓示越來越清楚，以致於教會被神的道洗淨，越來越聖潔榮耀，一直到基督再臨的日子，這地上將會充滿剛強榮耀的教會。

　　接下來，我們即將逐一揭開「七大支柱」的推展順序，以及實施的要點。

■**健康教會七大支柱**

教會

異象全球化　資源國度化　服事權能化　領導明確化　培育系統化　牧養健康化　主日專業化

※ 這張圖表達旌旗教會在過去建立的過程中，我們越來越體會到要建立一個健康的教會，這七個部分是非常重要的。好像一個健康的教會，一個榮耀的聖殿，它需要有這七根柱子，透過執行這七個主要的內涵跟重點，我們將能看見榮耀的教會被建立起來。

主日專業化

確認主日的目的：兼具敬拜、教導與佈道
審視所處的環境：來決定信息傳達的方式
訂定執行之方案：依據上述制定執行計畫
不斷執行並評估：持續檢討改進執行方案

第一支柱

確認主日的目的：兼具敬拜、教導與佈道。

我們開拓建造任何的教會，一旦開始舉行主日聚會，就要滿足敬拜、教導與佈道這三個非常重要的功能。

「主日」指的是禮拜天的歡慶。當然有些教會可能不一定用禮拜天，是在其它的時間主日，或者有一些教會，像是台中旌旗教會及許多分堂點，主日分好多個堂次。當我們講到「主日專業化」，我們說的主日，是指教會中所有的弟兄姐妹，每週一次一起聚集的那個聚會，或者是禮拜天去教會作禮拜的主日聚會。

主日功能一：帶領會眾來敬拜神

一個教會的存在，它必須表達對神的敬拜、對神的愛。

耶穌給我們最大的誡命，就是要盡心、盡性、盡意、盡力愛主你的神，當然也要愛人如己。那教會怎麼去表達盡心、盡性、盡意、盡力來愛神？其中一個非常重要的方式，就是來到神面前很專注地敬拜祂。所以，每次的主日我們都要帶領會眾來到神面前敬拜祂，建立一個真實的關係。當然，我們敬拜神有很多種方式，其中很重要的方式，包括：用詩歌、用禱告，用奉獻，也用聆聽神的話來敬拜。整體來講，我們用這些內涵來尊榮敬拜神，把感謝頌讚榮耀都來歸給神。

主日功能二：藉信息教導神的道

主日另一個重要的內涵，就是要教導神的道。

神要用水藉著道把教會洗淨，透過主日的講道信息，把神的道清楚解明，這是主日聚會非常重要的內涵。兩千年來的教會，每一個禮拜天，或者每一個所謂的主日聚會，一定都會有「講解神的道」這件事情。這其實不只是今日的教會，其實在舊約時期，或是從以色列人的會堂時代就已經這樣子做。每個禮拜的安息日，只要有猶太人聚集的會堂，他們一定會講解摩西五經、會講解神的道。

其實新約教會是沿襲這個背景而來，只是猶太教比較是在安息日來敬拜，但基督教成立之後，採用復活日，就是耶穌基督復活的那一天，也就是七天的第一天，也就是現在的禮拜天。其實週日不是一個禮拜的最後一天，是一個禮拜的第一天，週末禮拜六，才是一個禮拜的最後一天。

雖然在新約沒有硬性規定哪一天進行主日聚會，但是在舊約時期是很嚴格規定要在安息日。不論是舊約、新約，當人們聚集在神的面前來敬拜祂的同時，我們也需要聆聽神的話語如何被解明、神的道怎麼樣運用？我們要在安息的時間來敬拜神，這是很重要的精神跟真理。

主日功能三：引領慕道友歸向主

我們畢竟還是處在一個比較非基督教的文化跟背景的裡面，雖然主日的時候，大部分人是帶著渴望的心來到教會，但有一部分的人還不是基督徒，是剛開始尋求神的人。主日聚會也有一個很重要的功能，就是幫助那些剛來到教會的慕道者，或剛信主的人，讓他們可以更深認識神，甚至引領他們歸向神。

在旌旗教會，我們在主日聚會的時候，會透過主日敬拜的音樂、禱告來表達對神的愛，透過奉獻來獻於神，這些都是敬拜神的一部分。我們也用主日信息來鼓勵每一個人明白神的話語，然後，在主日結束的時候，我們都會對慕道友有一些呼召，再次講明福音的本質跟內涵。

我們要審視所處的環境，來決定信息傳達的方式。由於我們所處的華人世界非基督教文化背景，我認為講道須以一般人能理解與實用生活性的信息為主軸，然而輔軸仍需以聖經真理為依歸，也就是解經式的講道，用這兩者來做平衡。

> 審視所處的環境：來決定信息傳達的方式。

貼近文化背景的講道方式

對於教會的主日的信息，很多人也許有不同的看法或者經驗，特別有一些來自比較傳統教會背景的人，可能會覺得主日信息應該要逐節解經講道，從創世記第一章第一節，然後按著時辰逐步解釋到啟示錄的最後一章最後一節，我認為這是很好而且非常重要的，神的百姓應該要很整全地來認識神的道。

也許在西方國家的教會認為講道應該這樣子，但我認為在台灣的文化背景裡，比較不容易這樣子做，因為台灣的文化比較無法理解整個聖經的背景。有時候當我們講大衛王的時候，他也許以為你在表達吃太飽了，胃很脹的大胃王，而不知道你是在講舊約一個人物。因為文化太不一樣，所以當我們談到聖經的某些內容時，一般人可能不容易了解。

我認為在華人文化裡面，至少在可見短期的未來裡面，當大多數人還不是基督徒時，我們有必要以一些實用性、生活性的信息為主，而不是講解很多聖經的背景。雖然講很多典故來解釋聖經並非不好，只是我認為在我們的文化背景裡，目前還比較難執行。

耶穌用生活化的比喻講道

我們看耶穌大部分的講道，都是非常實用具有生活性的，耶穌甚至用很多的故事、比喻來講解很多關乎神的真理，因為耶穌在當時祂的處境裡面，大部分的人是文盲，不一定能了解很多邏輯或真理，所以耶穌用許多他們實際生活層面能夠體驗的東西來解明神的道。今天也是，當我們在講道的時候，我們要審視所處的環境，來決定傳講的信息跟方式，這樣子才能夠貼近我們的文化。不過要注意的是，雖然我們是以實用性或是生活性的方式來講道，但講道的信息內容一定要合乎聖經的真理。

訂定執行之方案：
依據上述
制定執行計劃。

我們要決定一些執行的方案，來呈現出我們講道的內涵。以旌旗教會的經驗來講，我們動員所有的弟兄姐妹來參加教會的主日，讓主日是一個非常正面、帶來挑旺鼓勵、帶來福音果效的一個主日，人們一旦來到教會，會感覺到被熱烈歡迎，可以感受到聚會流程非常專業順暢，氣氛非常融洽活潑正面，而且信息內容都是跟我們生活息息相關。我們期待以這樣的氣氛來呈現每場主日。

五個主日重要執行目標

1. 自然熱誠的歡迎

我們的招待要很自然、熱情地歡迎所有來到教會的人。在旌旗教會的母堂和每個分堂的主日，我們都以熱絡的態度，來歡迎每位來到我們當中的人——不論是旌旗家人或者慕道朋友。

2. 順暢有效的流程

台中旌旗教會母堂和分堂點，會把主日的流程做出細節的表單給工作人員。任何一場正式的、完整的聚會，我們很

鼓勵大家這樣做。足夠細膩的工作流程表單，才能確保每個細流順暢，工作人員不會在某個時刻，突然不知道要做什麼，或者在不適當的時候，燈光或音響突然弄錯⋯⋯。所以，我認為每個流程都要經過仔細的思考和規劃，這才能夠讓來聚會的人，感到被歡迎、好像回家一樣。再者，教會能夠在主日流程的每個環節，經過縝密的思考，促使聚會流暢、一氣呵成，會眾能感覺教會做事情很專業，這其實也是對神、對聚會的人一種尊重的態度。

3. 聖靈同在的代禱

在旌旗教會，我們在主日聚會都會安排為有需要的人禱告。我們選在敬拜流程中安插一個禱告服事的時段。當我們這樣為人禱告的時候，真的感覺聖靈大大地恩膏與同在，所以在這個時候，很多人會在內心有很多的感動，常有人在此時領受聖靈向他說話，甚至會流淚，此時，我們需要有人遞面紙，這些都是主日服事很重要的部分。我們認為任何一個聚會，一定要有神的同在，這是非常重要的，所以透過禱告，我們相信聖靈的恩膏，會特別膏抹在我們的當中。

4. 活潑喜樂的氛圍

旌旗教會的設備、Logo、各個層面都呈現明亮活潑的風格。我們希望教會就如同一個大家庭，大家來這地方就好像回家一樣，可以有很多互動交流的空間環境，讓大家可以感覺喜樂的氛圍。任何的聚會形式，我們都盡量呈現比較活潑的、開朗的氛圍。這種歡迎、喜樂、活潑、熱絡的氣氛，需

要整個教會去營造。第一個優點是：讓自己教會的成員覺得很喜樂，而且很有正面的感受，第二個優點：讓我們邀請來的朋友覺得很親切、很被接納。讓人感受到正面、快樂，這是我們希望營造的一種主日的氛圍。

5. 實用鼓勵的信息

在我們華人的文化背景，絕大多數的華人還不是基督徒，他們還不認識耶穌基督，對聖經也不是很熟，所以主日講道的內容，如果選擇用比較實用、鼓勵性的信息，來闡明聖經中的真理，這樣會比較容易被接受。

預知主日信息讓新朋友融入

有些教會的主日講道內容，是以當週牧師感動什麼就會講什麼，弟兄姐妹可能事先並不知道當天牧師要講道的內容，我們對於這樣的作法給予尊重，但若能事先預告主日信息主題，將有利於會眾邀請新朋友來參加主日。

就旌旗教會來講，我們會把每月每週的主日信息主題做好文宣海報，事先讓教會的弟兄姐妹知道，一方面鼓勵弟兄姐妹事先預備心，了解本月主日系列要講什麼；另一方面是希望弟兄姐妹可以邀請新朋友來參加主日。如果你不知道教會牧師今天要講什麼信息？而剛好有一個慕道朋友或親友，很有感動想說來教會看看，結果當週主日牧師講的是一個比較深奧的神學主題，或者是講奉獻的意義，這對於剛來的新

朋友而言，也許會覺得格格不入，這樣的話就有些可惜。

　　如果你知道身邊某個親友或家人，他最近的生命很需要什麼樣的信息？又你能預先知道教會講道的內容，就可以適時地邀約鼓勵新朋友在禮拜天的時候，跟你一起去教會來聽牧師分享信息。

Banner 旌旗教會
Church

從 Church 看聖靈的 **九** 個果實

文 / 編輯室

讓人想一探究竟的
旌旗教會

旌旗教會，25 年前在台灣台中建立，
以職場般高效能的策略，系統化傳福音宣教，
至今分佈全球建立了 71 個分堂點，
每週有超過兩萬人關注其牧師的主日講道信息。

這些令教會界印象深刻的成長效能，
已吸引全球超過 300 間教會前往觀摩學習。
旌旗教會展開的福音運動，讓人體驗到信仰的生活化；
旌旗教會建構出的教會生活，讓會眾能夠學習倚靠神，
成為得勝有力量的基督徒。聖靈恩典澆灌同在的這些年日，
帶領旌旗教會結出祝福這世代的果實。

「聖靈所結的果子，就是
仁愛、喜樂、和平、忍耐、恩慈、良善、信實、溫柔、節制；
這樣的事，沒有律法禁止。」
～加拉太書 5:22-23

仁愛

系統化有效傳福音

旌旗教會的使命之一，
是要把福音傳給尚未聽見耶穌的人。
教會以日趨成熟運作十餘年的培育系統，
成功地帶出有效傳福音的動能，
不但讓聚會人數穩定成長，
更成為其他渴望傳福音的教會，
前往觀摩學習的一套系統。

為了讓更多人可以認識接受耶穌，
旌旗教會不但成立了網路教會，
更善用傳播的科技，
將主日、敬拜禱告會等信息，
每週藉著網路直播發送至全球。
每年像是聖誕節、感恩節等舉辦的
福音性質音樂會、戲劇演出，
也吸引許多人開始來到教會。

每週的主日聚會、敬拜禱告會
皆以直播方式播送全球，
觸及更多人接收信仰真理。

旌旗教會每年的聖誕節
戲劇、音樂劇活動,
是城市中的口碑活動,
讓許多人藉此來到教會
認識神。

每年旌旗教會聖誕節的
點燈活動,吸引超過千人
熱烈參與。

各節期舉辦禱告會、
福音音樂會等,以創意
活潑的方式傳遞福音,
讓人領受耶穌同在的愛。

多樣化的媒體藝術事工，
創辦旌旗季刊等傳遞生活化的
信仰信息。

「從來沒有人見過神；我們若彼此相愛，
神就住在我們裏面，祂的愛也在我們裏面得了成全。」
～約翰一書 4：12

喜樂

相信聖靈醫治大能

旌旗教會相信：
聖靈的大能持續運作在教會中，
教會是充滿神蹟的地方。
無論是主日聚會、小組時間、
遇見神蹟特會、先知特會，
或在任何牧養的關係建造當中，
都歡迎聖靈的同在。
特別是從聖靈領受的先知恩賜，
以「安慰、造就、勸勉」為彼此做預言祝福，
讓會眾、剛來到教會的新朋友，
都可以真實且自然地與神的醫治大能
相遇。

敞開歡迎聖靈運行，
神蹟天天不斷在
旌旗教會裡發生。

旌旗教會倚靠聖靈大能，
為會眾做權能服事禱告。

每年邀請先知團隊來服事，
先知曾領受旌旗教會是持續降下恩雨之地。

旌旗教會每年邀請先知團隊，
為教會領受神新鮮的信息。

每年皆舉辦遇見神蹟佈道會，
帶領大家經歷神在每個人身體及心靈的恢復工作。

聖靈同在帶下大能與盼望，
旌旗教會每年有超過一千人受洗接受耶穌。

「但願使人有盼望的神，因信，將諸般的喜樂平安，充
滿你們的心，使你們藉著聖靈的能力，大有盼望。」
～羅馬書 15：13

和平
在全球不斷植堂宣教

教會增長學家 Peter Wagner 說：
「植堂是傳福音最有效的方法。」
賽克牧師也曾說：
「宣教最終的目的是要建立起當地教會。
若非如此，宣教並未完成！」
旌旗教會領受神的吩咐，興起植堂運動，
成為有強大宣教使命的教會，
相信植堂是傳福音最有效的方式，
也是宣教的主要目標。

旌旗教會回應神的呼召，
成為樂於給予的教會，
支持神國度的各種需要。

旌旗教會在台灣、柬埔寨、
北美、奧克蘭等地,
共建立 71 處植堂點。

旌旗教會分享牧會策略,
曾協助日本沖繩白之家等
教會經歷復興成長。

「用和平彼此聯絡,
竭力保守聖靈所賜合而為一的心。」
~以弗所書 4:3

忍耐

極力培養青年領袖

旌旗教會相信：福音的工作
一定要持續傳承交棒給下一代，
因此十分看重青年的生命建造。
像是每年暑假會推出
真理建造系列課程營會，
投入大量資源耐心栽培年輕領袖，
讓他們從年輕就開始發揮
基督信仰的影響力。
每個週六夜晚，光是在台中地區，
就有超過千名的青年穩定來到教會，
享受輕鬆又能建造生命的主日聚會、
小組時光，以及創意的敬拜方式。

旌旗教會每年皆舉辦
青年守貞立約儀式，
邀請青年跟上帝立約
過聖潔生活。

歡樂的青年開學典禮，
連牧師也穿上高中制服，
為學子們啟動整學期的
祝福。

為教會青年舉辦畢業典禮，
歡慶上階段學習結束，
也為下階段的發展祝福。

青年活潑的敬拜方式，
吸引年輕人投入情感
敬拜神。

旄旗教會的牧長與青年互動輕鬆，
讓年輕人愛上教會生活。

「務要傳道，無論得時不得時，總要專心：
並用百般的忍耐，各樣的教訓，責備人、警戒人、
勸勉人。」
～提摩太後書4：2

恩慈 成為轉化城市的力量

恩慈來自於神的憐憫，
能夠以神的心意，
體恤城市中人們各樣的需要。
旌旗教會在創立後不久，
就體會到很多人的生命產生諸多問題，
都跟原生家庭的功能不齊全有關係，
唯有恢復這世代家庭的功能，
才能讓神的真理有運行的空間。
因此，
在主任牧師蕭祥修的積極促成之下，
集結城市眾教會的資源，
一同舉辦讓人民可以重視家庭功能的
各種活動及宣講。

聯合台中眾教會
提倡家庭價值，
舉辦快樂義走活動。

快樂義走活動，教會會友皆全力響應、
一齊呼籲市民注重家庭價值。

「你們要以恩慈相待，心存慈憐，彼此饒恕，
正如神在基督裏饒恕了你們一樣。」
～以弗所書4：32

良善

積極投入社會關懷

當我們竭力追求活出神良善的榜樣，
自然就不會以惡來對待他人。
若能讓一個人從幼孩時期
就有機會接受真理的建造，
在成長過程中所做的決定，
則能以神的良善本質來行。
旌旗教會積極投入社會關懷，
成立沐風關懷協會，
關心家庭照料功能較為缺乏的孩童，
在下課後提供他們充滿愛的陪伴，
因而得以健康成長，
活出良善富足的生命。

來到沐風關懷協會的孩子，
在教會老師陪伴下
逐漸培養更多自信。

旌旗教會對沐風關懷協會的孩子，
除了提供課後輔導的協助，更堅固培養孩子的品德。

旌旗教會投入關懷經濟弱勢的單親家庭孩童，
至今已累積近 400 個家庭。

旌旗教會每年舉辦沐風餐會募款，集結社會資源，來陪伴弱勢單親家庭的孩子健康成長。

「你們要當心，誰都不可以惡報惡，卻要在彼此相待，或對待眾人上，常常竭力追求良善。」
～帖撒羅尼迦前書5：15

信實

得勝的基督徒生活

信主之後的生命若不紮根在真理中，
很有可能如同種子發芽後，
被荊棘給擠擋受壓，
沒有辦法成長茁壯。
旌旗教會的主日信息、
裝備會眾的真理課程，
皆力求奠基聖經基礎，
並以生活化的方式呈現，
讓會眾能被神的真理餵養，
無論處於什麼樣的生命光景，
都能過得勝的基督徒生活。

旌旗教會主任牧師蕭祥修
2020 年病中的宣講，
在困境中仍相信神的信實，
帶領會眾活出剛強得勝的
生命。

主任牧師蕭祥修提出 21 世紀教會藍圖的教會觀，
帶領教會認識神信實的本質，
並倚靠神過得勝生活。

旌旗教會主日信息將神的真理深入淺出，
能讓會眾更深認識神。

「你們所遇見的試探，無非是人所能受
的。神是信實的，必不叫你們受試探
過於所能受的；在受試探的時候，總
要給你們開一條出路，叫你們能忍受
得住。」
～哥林多前書 10：13

溫柔

幫助家庭重新和好

因為不了解人際關係的互動技巧與真理，
讓許多人在關係中感到傷痕累累。
旌旗教會將神的愛與真理，
融入在教會主導的事工以及營會當中，
包括婚姻兩性家庭等事工、親子事工等等，
並且提供各樣牧養的輔導資源，
幫助破碎的關係能有機會和好恢復。

提供給會友各樣的
牧養協談輔導，
幫助會眾能恢復關係。

旌旗教會每年十月舉辦聯合婚禮，
鼓勵會友建立合神心意的家庭。

「溫柔的人有福了，因為他們必承受地土。」
～馬太福音5：5

節制

高效能推動教會事工

旌旗教會的牧者同工，散發出職場管理般
高效能的傳福音及事工執行力，
跟傳福音有關的各項活動，
總是能動員異象一致的全體會眾齊心展開。
若用一個字來總結這份動力的精髓，
那就是聖經所說的「愛」。

旌旗教會蕭牧師鼓勵每個人要高度
委身在主日、小組聚會、真理裝備課程。
並且要積極投入事工服事，
藉由實際參與教會生活，
勇敢與人建立真實的關係，學習活出神的愛，
並且發揮「節制」中的克己自守，
效法耶穌的生命，
終能看見生命結出美好果實。

各樣裝備課程與培育系統，
幫助一個信徒成熟成為
追隨耶穌腳蹤的門徒。

鼓勵會友投入教會服事中，節制自我、效法耶穌，
學習僕人領導學來服事他人，更深認識神的愛。

旌旗教會鼓勵會眾成為樂意給予、投入服事的人，
將能更深認識神。

旌旗教會舉辦事工博覽會，鼓勵會友要參與教會聚會運作
及社會關懷等事工中，體會耶穌的心意。

鼓勵具有音樂戲劇等恩賜長才的會友，
投入在事工中，提供多元又豐富的聚會呈現。

敬拜團的事工運作成熟,
協助大家在聚會時容易聚焦在神來敬拜祂。

無論是節慶的戲劇或音樂節目,
都讓會友發揮所學,帶領大家一起來敬拜神。

翻譯事工的運作，讓主日信息能觸及更廣泛的受眾。

「所以作監督的必須無可指責，只作一個妻子的丈
夫，節制適度，清明自守，端正規矩，樂意待客，
善於教導。」
～提摩太前書3：2

有力量的信仰，結果子的生命。

讓我們一起建造基督新婦的榮耀教會！

我們需要審視所要傳達的對象是哪一些族群，來決定我們傳達信息的方式可能要跟著有所不同。像是在台中旌旗教會，我們發現青年團隊所處的環境與所需要的信息表達，也許跟成人會有所不同，所以禮拜六晚上的青年聚會，有時會用較多元的方式來傳達信息。

不斷執行並評估：持續檢討改進執行方案。

我們每一個禮拜會召開主日檢討會，因為每一次主日結束之後，都有很多需要檢討改進的地方。有些弟兄姐妹會主動回饋給教會一些建議，我們覺得非常寶貴可以納入考量，透過這樣子我們不斷地優化主日，讓主日更加專業化。我們不斷地執行並且評估改進這些方案，如此我們才能夠不斷地有效精進教會的主日品質。

我認為主日專業化是一個教會領袖，或一個教會的建造者，在參與教會建造當中，第一個重要的部分。因為人們一來到教會，除了小組之外，第一個接觸的很可能就是主日聚會，而且主日聚會最能夠全面表達這個教會的整體概況。

所以我想，任何一個教會的植堂運動，任何一位教會領袖在建立一個健康的教會的時候，都要非常看重主日專業化。透過主日專業化，讓教會可以更加興盛健康，而且能夠讓更多的慕道朋友不斷湧入教會。我相信，當我們這樣子做的時候，第一根柱子就立好了。

牧養健康化

第二支柱

牧養是一個基督徒基本的生活方式，按照聖經來說，牧養就是一個人經歷到神的愛，而且被愛所激勵，他也願意去關心別人、去愛別人、去陪伴別人。牧養不是牧師、領袖的事情，而是每一個成為上帝兒女的基督徒，都有責任來牧養神的小羊。

「……耶穌對西門彼得說：「約翰的兒子西門，你愛我比這些更深嗎？」彼得說：「主啊，是的，你知道我愛你。」耶穌對他說：「你餵養我的小羊。」（約翰福音21：15）

這段聖經節是耶穌在約翰福音裡面，對西門彼得說的一段話，我們都知道這一段聖經節，耶穌重複三次問彼得說：「彼得你愛我嗎？」彼得都跟耶穌說：「是的！主，我愛祢。」然後耶穌三次都跟彼得說：「那你要餵養我的羊、你牧養我的羊。」

我想從這一個聖經節的根基，來談一談牧養健康化。

為什麼我們要去牧養？

在過去，我們的觀念常常覺得牧養是牧師、領袖的工作，牧養是一般信徒比較無法參與的事情。但其實聖經不是這樣子說的，【約翰福音 21:15】耶穌跟彼得講的這段話，顯示出一個很重要的內涵：如果你真的很愛主，真的很愛神，你不可能不去牧養神的群羊。

一個人如果經歷過耶穌的救恩、神的愛，神怎麼樣的陪伴，以及經歷到人生當中一些很不容易的時刻，神回應了你的禱告，感受到祂的救恩以及對你無條件的愛跟接納。當你經歷過神的愛、神的恩典，你很難不去分享、不去給予，這就是愛的特質。

並非一定要成為牧師、小組長或領袖，才能夠牧養人，而是你有一個願意的心，開始起來關心、牧養、帶領你周遭還不太認識神的人。也許有一些是剛信主的基督徒，或者有一些是你的親友，他們還沒有來到教會，可是你知道他們生命遇到一些瓶頸、困難，那你可以求神給你智慧，讓你可以把神的愛帶給他們。神的愛只能夠透過經歷過神的人才能傳遞出去，當我們願意因為愛主的緣故去牧養神的羊，這是神很喜悅之處。

牧養健康的內涵：
1. 2. 3. 4. 5.

當我們從實際操作技術面來談怎樣讓牧養健康化的內涵，我要用1.2.3.4.5.來定義它。

1 個核心；展現天父的愛
2 個要素；神的同在 & 權能服事
3 個原則；充分討論、勇於領導、
　　　　　誠實透明
4 個項度；動機、過程、目標、態度
5 個指標；興起領袖的五個指標

1 個核心；展現天父的愛

1. 牧養就是要展現天父的愛

當我們提到牧養健康化的時候，很重要的檢視：我們有沒有向我們的小羊、我們所牧養的對象、我們教會的會眾，表達天父的愛。

牧養的人要了解每個人都有不同的成長背景，都有不同的需要，我們要按照小羊的腳程來陪伴他。有些人的生命可能有不容易的過去，或是特別破碎的時候，也許我們不容易看見他快速地成長，成為一個成熟的神的兒女；而有些人可

能就來自一個比較幸福的背景，也許他很快就很夠成為一個
成熟的基督徒。好像一對父母親，可能生出五個孩子，可是
每個孩子的狀態都不相同，需要也不一樣，那我們要按照他
的生命狀態來陪伴，我想這是牧養一個非常重要的本質。

2. 我們需要給他足夠的力量去改變

這個力量最主要是愛的力量，讓他知道說有人在為他禱
告，有人關心他，有人會陪伴他，讓他覺得不孤單、覺得被
理解，我想這就是給他一個最大的力量支持。

給他足夠的力量，也包括你要給他足夠的裝備資源。
例如說，在旌旗教會我們鼓勵人要穩定參加聚會還有接受裝
備，我們有 E1 營會、成長班、E2 營會、門徒班、E3 營會、
領袖班，當你牧養一個人的時候，這些都會是很好的工具。
你可以鼓勵陪伴的人來受這些裝備，這個會成為他很好的力
量，讓他可以經歷生命不斷地被改變。當然禱告是最大的支
持，當一個陪伴者、一個牧養者，常常為他所牧養的人來禱
告的時候，這真的會賦予他很大的力量。

3. 要向他講述神對他的看法

一般人來到教會，常帶著許多自己負面的認知跟感受，
特別在我們華人文化裡面，許多人的成長過程，可能參雜著
很多負面的自我認知，低落的自我價值感，大部分都是從他
的原生家庭或成長背景的一些傷害而來。但是當他來到神面
前的時候，他需要知道上帝怎麼看他，需要旁邊有人幫助他

或經常用聖經的真理來提醒他，或為他禱告領受神給他的圖像、意念，對他講出安慰造就勸勉的話。

在我的生命當中，我覺得最感動的時刻，常常是當先知為我發預言的時候，說到神在我生命中的命定、神對我的看法，這些都帶給我很大的激勵跟肯定，因為我覺得我不可能、我做不到、我不是那種人，但是透過先知預言，我們可以從神的眼光來重新認識自己，我覺得這在牧養上面，是一個非常寶貴的地方。

4. 牧養要同時內造與外展

當我們牧養一個小組或帶領一個人的時候，必須同時做到：內造與外展。「內造」就是對內建造一個人的生命，或者一個小組裡面要彼此建造，因為我們希望在牧養的關係裡面，看見每個人的生命不斷地成長，被建造起來。

「外展」則是去傳福音，傳福音並不是等一個人信主十年、二十年，聖經都讀得滾瓜爛熟了，他才要開始去傳福音外 展。當一個人剛信主，開始經歷到神的愛，開始經歷到神的奇妙神蹟的時候，就鼓勵他開始把天父的愛分享給其他還沒有來到教會，還不太認識耶穌基督的人。

內造可以不斷地加增神對他們的愛，對他們生命的建造，外展則是我們可以不斷地向還沒有來到教會、還沒有認識神的人，展現天父的愛。牧養就是要來向人表明有一位慈愛的天父，祂是如此愛著每一個他所造的人，當一個人成為

上帝的兒女的時候，神更是愛他、呵護他、陪伴他與他同在，我想這都是我們透過牧養，要來表達的一個非常重要的內涵。

2 個要素；神的同在 & 權能服事

牧養的時候，要留意兩個要素，就是「神的同在」跟「權能服事」。

當我們在小組聚會或在牧養約談的時候，我們非常需要神與我們同在，聖經上耶穌也特別說，如果我們有兩、三個人同心合意的禱告，那麼神就必要與我們同在。每一次我們聚會的時候，不論在敬拜或是在禱告，我們都要讓出空間，讓聖靈有機會運行。

牧養不是把人帶到我們面前，有時候我們會有這種試探，我們為了要向我們所牧養的人，證明我們是一個很敬虔的人，甚至會希望對方來依賴我們、跟隨我們。當然我們是需要對方來透過我們認識神，就好像保羅說，你們要效法我，像我效法基督，但是整個牧養的核心，不是叫人來跟隨我們，而是要叫人來跟隨主，所以很重要的地方就是，我們要邀請神的同在。

不論是在個別牧養，或者在小組聚會、團隊的聚集當中，我們一定要有神的同在。彰顯神的同在有很多種方式，除了我們事先的禱告預備之外，我們在敬拜的時候也要讓出

空間給神，我們也透過彼此的權能服事，讓神帶領彼此建造祝福。

旌旗教會在 2020 年疫情蔓延這段時間，除了實體小組之外，還有很多在網路進行的小組聚會，同一個時間，可能在不同國家、不同時區的人，一起在線上進行小組聚會，很多網路小組的小組長，都曾經分享他們即便是在網路聚會，還是經歷到很多聖靈的作為；雖然在不同的地點，可是神在小組聚會當中，透過禱告、透過服事，神依然做很超然的工作。我相信任何神的兒女聚集的時候，聖經說就算只有兩、三個人，如果我們同心合意歡迎神的臨到，神就必與我們同在。

3 個原則；充分討論、勇於領導、誠實透明

1. 任何決策，歡迎充分溝通勇於領導

在健康教會的運作裡面需要有充分的溝通。一個團隊彼此要有很寬容的態度，尊重不同意見的態度，這是我們在教會很希望看見的氛圍。我們允許每一個人有自己發表意見的空間，但是，最後我們希望並允許領袖來拍板做決定。不論帶一個小組、帶一個團隊，在牧養上面，我們一定要有做決定的時刻，而做決定之前，我們特別要鼓勵牧養的領袖，要向團隊表達一種願意充分溝通的態度。

2. 面對問題，勇於領導與拍板

團隊小組在運作的時候，有時候會遇到人跟人之間的一些芥蒂，可能會有一些敏感的地方，有時候確實很不容易處理。這時候，做一個牧養的領袖，我們面對這樣的處境，要勇於領導跟拍板。如果一個領袖一直放著問題不處理，或者害怕處理後會傷到某一些人，於是假裝沒看到問題，這樣子對整個團隊、小組或關係，反而會帶來負面發酵的結果。最重要是，求神給我們智慧來處理問題，有時候也可以邀請比較有經驗的領袖一起來協助處理，並且要溫柔傾聽跟溝通，原則堅定而且果決，這是做領袖的責任。做一個牧養的領袖，如果可以有充分的溝通傾聽，我相信可以帶出合一的團隊，那遇到困難問題的時候，這樣的領袖勇敢地拍板決定，自然可以讓團隊繼續往前走。

3. 遭遇困境，誠實透明、尋求幫助

我想大概沒有人在牧養的過程當中，都順風順水，都沒有遇到任何羊角的抵制，或沒有遇到任何的傷害，當我們遭遇問題的時候，真的要透明誠實、尋求幫助。

服事上遇到困難不需要掩飾，不需要表現出自己是沒有問題的領袖、不需要證明我們牧養的小羊都沒有問題、我是最強的牧養者等等。其實當我們遇到困難的時候，有些或許可以自己解決，但有些時候，也許在你所處的牧養層級，或者是一個關係網裡面，會有不太容易自己解決的時候，我們可以把問題提出來，讓團隊一起來面對跟討論，甚至我們可

以邀請領袖一起來協助。很多時候我們必須承認，我們的力量跟層級是有限的，當我們遇到力有不逮的困難時，是需要別人來幫忙跟扶持的。

記得有一次旌旗教會在發展的過程當中，我們遇到一個團體來攻擊我們，那時候我們教會大概只有一兩百人，身為主任牧師的我，也很擔心害怕，因為我們教會是個獨立的教會，我們並沒有宗派、沒有上層的領袖，所以被一個有點像異端或是極端的教會團體來攻擊我們的時候，當時會覺得很孤單。

但是感謝神，那時候我跟台中地區一些牧者，像是參與在當時台中策略聯盟裡面的杜牧師還有其他的牧者，我們有保持很好的關係，我就請他們出面來幫助我們。他們很支持我們、很愛我們，一些牧者就跟對方坐下來談，解決當時的情況。當我們在牧養、領導上面遇到困難的時候，遇到我們的層級沒有辦法解決的時候，我們真的需要有更高層級的人來遮蓋、幫助，來帶領我們經過那個過程，我覺得這樣子，會帶給我們生命很大的祝福。如果我都不尋求幫助，自己要解決或者自己想辦法，有時候過程會拖得很久，然後可能會帶來更多的衝突跟傷害。

4 個項度；動機、過程、目標、態度

我們如何評估一個人是不是健康的牧養領袖？我想給大家四個自評項度的建議。

1. 動機：甘心餵養神的群羊，因愛耶穌

審視一下我們的動機：我為什麼想要來做一個牧養人的人？就像耶穌問彼得說你愛我嗎？彼得說：「主我愛祢，祢知道的。」耶穌說：「如果你愛我，好不好，餵養我的小羊。」我想我們願意起來牧養神的群羊，單單是因為我們願意愛主耶穌，我們知道主耶穌這麼愛我們，那主也希望我們來幫助祂，餵養牧養祂的群羊。

2. 過程：學習倚靠聖靈大能，不斷禱告

當我們在牧養群羊的時候，通常會有衝動想用我們的智慧、能力、聰明，來解決人的問題，解決我們在牧養上遇到的挑戰。但是牧養是關乎神的事情，如果我們歡迎聖靈同在，常常為牧養的小羊禱告，常常為牧養的團隊禱告，我相信倚靠神的大能，可以使我們事半功倍。

3. 目標：不斷興起成全領袖，建造門徒

牧養並不只是做到帶一個人受洗，或者看見一個人委身在小組裡面聚會，或只是看見接受完教會的裝備課程而已。牧養的目標是要叫他成為門徒，是要不斷地看見所牧養的人，他們在基督裡面長大成熟，越來越像基督，而且他們越來越對神的國度、對傳福音有熱情，甚至有一天，他們願意成為耶穌真實的門徒跟隨者，他們願意也成為牧養別人的人，我想這就是一個門徒複製門徒的重要過程。

當然不是說，每一個人都要成為小組長，但是你要看見他很真誠經歷到神，願意真實來跟隨主，然後繼續帶著他形成新的團隊，可以一起繼續做外展傳福音。牧養的目標就是要不斷地建造門徒。

4. 態度：作個忠心的好管家，交託主權

當我們把神所託付給我們的人，牧養得很好的時候，很有可能神會託付我們更多的人來牧養，無論神給我們多少資源來做管理，我們都要知道，我們只是一個管家的身分，我們不是一個擁有者的身分，所以要把主權交給神。也許有一個人你牧養他很久，對他有很大的期待，但是有一天，也許他因為某個原因需要離開你，去到別的地區、別的地方，甚至到別的團隊，你知道這是神在這個季節對他的帶領，請你要好好祝福他，我們不能夠把人據為已有，或者把團隊據為已有。

5 個指標；興起領袖的五個指標

我們怎麼樣評估一個人，興起他成為領袖、成為耶穌基督的真門徒？我認為在旌旗教會裡面，可以有五個指標來評估。

1. 認同教會異象與原則並積極參與

每個教會可能會領受不同的異象，如果我屬於一個教

會，我必須認同這個教會的異象跟原則，並且積極參與其中。如果我們是一個團隊，除了異象要一樣以外，我們也要有共同的策略，共同的方法論去到那個目標，這樣子我們才能夠形成團隊。

如果有一個人，他雖然很愛主，可是他就是不認同自己教會的異象，也不認同這個教會的策略，例如說旌旗教會，我們需要會友參加成長班、門徒班，需要完成疊包表的裝備課程，而假設有位會友，信主很多年，他很愛主也很樂意服事神，可是他就是不認同這個疊包表，或者他可能是個很好的基督徒，可是他就不認同教會的異象，也不認同教會要去宣教，如果這樣子大概他就很難成為旌旗教會的領袖。我們期待興起的領袖是，或許他當基督徒不是那麼久，還不是那麼全備，甚至聖經也還不是那麼熟，但他基本上認同教會的策略，也很認同教會的異象。

旌旗教會的異象，是要成為一個在全球宣教植堂的教會，旌旗教會的策略，就是我們有培育系統，我們有各種的小組運作的牧養結構，這一些都是我們的異象跟策略，如果一個人不能認同，可能就不適合在旌旗教會成為領袖，他可能適合在別的教會成為領袖。

2. 過主掌權生活：認同聖經真理與價值且有好榜樣

過一個主掌權的生活，並不表示說這個人都要像耶穌那麼完美，而是他在態度上，在意識、意念上面，他認同聖經的真理跟價值，而且他開始有生命的榜樣。

我覺得一個領袖的興起，一定要證明他勝過某些東西，例如：他曾經有一些不好的習慣，後來他勝過了，或者他開始勝過了。當然我不是說要達到完美的地步，但至少他開始改變了，他開始過一個更合神心意的基督徒生活了。

我覺得「同意」跟「做到」這是兩件事情，如果一個人不同意，是絕對不可能做得到的；可是一個人如果同意，但他現在還沒有做到，這個我們可以接受。所以，我們不一定能完美做到聖經教導的真理，所思所行也未必完全符合聖經所有的價值，但是至少一個人要表達認同。因為聖靈運行在我們的心裡，當我們的信念價值正確的時候，聖靈就有辦法把我們帶到對的信念跟價值裡面，如果我們連認同都無法，就很難被聖靈帶到那個地步去，因為神不能強迫我們的意志，除非我們同意真理，不然聖靈不可能把我們帶入真理裡面。

3. 積極學習態度：積極參與各種課程的學習態度

對於教會所有的課程裝備，這個人不是冷眼旁觀，而是積極投入參與。我想不論是課程或是各種服事的機會，若他都有一個樂意學習受裝備的心，我覺得這個是成為領袖很重要的一種態度。

4. 團隊關係良好：能傾聽溝通、勇於規勸、致力合一

評估一個人是否合適興起成為領袖，可以觀察他的團隊關係，他是不是一個能夠溝通的人？他是不是一個可以聽勸勉的人？他是不是盡力保持團隊合一的人？

　　並不是說一個牧養的領袖要在人際關係中面面俱到，而是說他必須要了解團隊的重要性，除非說我們可以跟別人合一，不然一個人很難有效作牧養的領袖。當然每一個人的個性都不一樣，但不要覺得說：江山易改本性難移，不！我相信在神凡事都能，當一個人願意放下他的個性脾氣，來學習建立一個良好的人際關係，學習建立一個好的團隊氣氛，我相信在神沒有難成的事情。

5. 培育領袖能力：在培育與成全新領袖上很有熱情

　　預備興起一個領袖，要注意他有沒有想要成全別人。有些人所有的眼光都放在自己身上，想證明自己很厲害，一切都是以自我為中心，那麼這樣子的人，恐怕未必是一個好的領袖。可以評估他願不願意成全新的領袖？他對於帶領別人有沒有熱情？他對於看見別人成功，興不興奮？還是他的焦點都在自己身上，我覺得這也是一個很重要的指標。所以我們如果看見一個人對別人很有熱情，很喜歡幫助別人成功，很希望看見別人變好，那麼這樣子的人，將會是一個好領袖。

牧養健康的框架：1.2.3.4.5.6.

牧養的框架，是有指標性可以量化的健康指標。在旌旗教會的小組運作，我用 1.2.3.4.5.6. 來定義：

● 每 **1** 組可設定 **2** 位以上核心同工參加教會的領袖之夜。
● 領袖之夜出席率須達 **3/4 (75%)**。
● 小組運作須執行 **5** W(破冰 Welcome、敬拜 Worship、見證 Witness、話語 Words、異象 Work)。
● 聚會人數平均達 **6** 人以上才算作正常小組。

容易複製的 5W 小組運作

在旌旗教會運作小組流程的五個 W 是很好操作的，只要任何一個人有心要牧養，受過一點訓練，他就可以知道怎麼帶破冰，怎麼帶敬拜，怎麼樣作見證，怎麼樣帶話語，怎麼樣帶異象，這樣子他就可以當一個小組長。

很多人問我說，為什麼小組一定要運作五個 W，為什麼不能做別的事情？很多旌旗教會的人都已經了解，這樣做的目的是為了能夠「複製」小組。因為我們認為，小組最健康的運作模式，就是能夠再複製出新的小組。小組存在的最大的意義，不是這個小組變成一個人數無限多的小組，而是能

夠再產生新的小組，為了能夠有效產生出新的小組，小組必須有一個讓所有的人都能有效運作的模組。

　　例如：有一個小組長，他覺得他信主十幾年了，他對聖經很熟，他希望他的小組聚會，不要運作五個 W，小組聚會要來查經。雖然查經非常好，他又是一個很好的基督徒，對聖經很了解，他帶起查經，大家收獲非常豐富，即便是這樣，也不可以把小組變成一個查經班，因為要再複製出一個像他一樣對聖經很熟悉、很會帶領查經的小組長是不容易的。而且當你能夠把查經帶得這麼好，可能你的小組員也沒有一個人敢當小組長，因為如果當小組長都要這麼厲害，那他們可能就不敢當了，所以你的小組只會越來越大，從十幾個人變二十幾個，可能變五十人，變六十變一百人，但這不是一個健康的小組。

　　我們對一個小組的期待就是，大概成長到 8-12 人，最多 15、16 人，就應該再分植出去新的小組。每個小組長可能有他的熱情、專長、興趣，但是請不要用這些來帶小組，請小組長就運作五個 W，一個小組長的成功，不是他的小組變得無限大，而是他的小組，能夠不斷地生出新的小組，這樣子就是一個健康的小組。當然要注意的是，小組流程的五個 W 不是說運作得很生硬，而是要練習把小組流程帶得很流暢，我相信透過這樣運作五個 W，我們的小組可以成為快齒打糧的新器具，不斷地產生新的領袖起來。當然我們也不是說，都不能夠運作其它的活動，我們有特別允許小組若要運作特殊聚會，一年請不要超過 12 次。有時候小組要出去郊遊、慶生，這時候辦餐會或辦一些特殊活動是很好的。

同樣的道理，教會存在的目的，也不是要一間教會變得無限大，一個教會存在的目的，是要不斷地植堂，其實這也是旌旗教會一個很重要的核心價值，為什麼我們不斷地開拓新的教會？因為我們很強調，一個堂點最重要不是它人數要非常多，而是它有能力不斷地再開拓出新的堂會，其實這整個核心價值是一樣的，透過這樣子，我們可以不斷地得人如得魚。

健康小組的出席人數

每一個小組平均聚會人數，要達到 6 個人以上，才算做正常小組。如果一個小組聚會，常態只有 3、4 個人，那我們認為這個小組，還不算是一個很正常健康的小組，你如果要看見一個小組有 6 個人穩定聚會，那麼大概這個小組的名單，至少要 10 到 12 個人，是屬於這個小組，這樣子它的平均聚會人數，才有可能保持在 6 個人以上。

那如果沒有這樣子，我們會鼓勵這個小組在一個適當時機，可以做外展傳福音，帶更多的新朋友來聚會，或者做牧區盤整，把一些別的小組員跟這個小組做整合，讓這個小組的聚會可以常態平均達到至少 6 個人以上。

牧養系統：3 組 1 區，3 區 1 督，3 督 1 牧區

旌旗教會現在的牧養系統，連台中母堂也都一樣，就是

三個組一個區，然後三個區一個督區，三個督區一個牧區，這是我們的組織架構。我們有一層一層的遮蓋，讓整個的牧養能夠有效地往前發展。

成立領袖之夜的目的

1. 得著新鮮恩膏，領受聖靈充滿

2. 凝聚領袖共識，跟隨聖靈引導

3. 持續在職訓練，提升牧養品質

4. 建立團隊關係，處理及時議題

5. 教會整體動員，一起迎向挑戰

為什麼在旌旗教會我們有設立領袖之夜？領袖之夜的與會者，基本上是以牧養的領袖為主，當然我們事工的領袖也要參與。我們用每個禮拜二晚上召集所有牧養領袖聚在一起，為了要得著新鮮的恩膏，領受聖靈的充滿。每一次領袖之夜，我們要花很多時間來敬拜，也再次領受聖靈新的充滿跟膏抹，還有凝聚領袖的共識。

我們相信聖靈不斷地在帶領教會往前，我們會在每週二的領袖之夜分享教會現在的發展運作情況是如何？所以每一個月有一次的領袖之夜，是屬於主任牧師分享的時間，我會比較多談到過去一個月教會的狀況，以及教會未來的發展。而每個月當中第二週、第三週，我們比較多是做在職訓練，透過現在教會正在做的，也許是在做外展，也許做牧養，也

許做培育，我們都設計一些在職訓練的內容，來提升領袖們牧養的品質。

同時我們也用領袖之夜來建立團隊，每週的領袖之夜都會預留給各團隊的時間，每個月有兩週是比較短的團隊時間，但是在一個月的第四週或第五週，我們就安排比較完整的團隊時間，讓所有的團隊能夠處理、溝通內部狀況，或者可以凝聚更多的團隊精神。

有時候，我們會在領袖之夜動員教會整體一起迎向挑戰，例如說，教會有時候會一起回應社會議題，或者我們一起來做聖誕節的外展、感恩節的外展。總之，我們會利用領袖之夜來凝聚共同的目標。

「因為那好好服事的，就讓自己達到美好的境地，並且在基督耶穌裡的信仰上大有膽量。」（提摩太前書3：13／中文標準譯本經文）

如果一個人願意起來牧養群羊，關心牧養神的羊，那麼這個人最後自己會蒙受祝福，來到一個美好的地步，而且他在信心上面，也會大大的剛強，他的生命會來到一個美好的地步。

我非常同意這一段聖經節，因為我自己便親身經歷這樣的事情。我從學生時期一直到出社會，就算有婚姻家庭，還沒有當牧師之前，我一路都持續服事神，我真的覺得因為投入教會各樣的服事，讓我的生命越來越被神建造，我對神的

信心越來越堅定。因為越服事神、越親近神，就會越認識神，然後會對神越來越有信心，生命就越受到上帝的祝福。我真的希望每個人都可以在牧養上來服事神，不但我們會建造一個牧養健康化的教會，最重要的是，我們的生命也因此健康、生命也蒙福了。

培育系統化

旌旗教會自 2010 年全面落實培育系統之後，主日、小組聚會、受洗人數因而呈現持續穩定成長，不但讓教會所有的弟兄姐妹更加同心合意，往神為這個教會所插的標竿一起奔跑，這套培育系統也祝福了其他教會，至今已有超過 300 間教會觀摩、引進、運作這套系統，一同經歷教會增長、會眾屬靈生命成熟的祝福。

很多教會來了解旌旗教會這套培育系統，很容易從外面看到我們「做了什麼 What」？但是我認為，其實更需要了解的是「為什麼 Why」？然後再來談一談「如何做 How」？我想從這樣的次序來談一談，為什麼教會需要做培育系統？然後再來談談什麼是培育系統？最後我們再來了解一下，要如何做培育系統？這樣子才能夠比較準確地把培育系統植入在教會中。

Why
培育系統

首先我想先談到培育系統的意義是什麼？爲什麼我們要做培育系統？

● 培育系統不是一項可以獨立在外的事工；它是教會整體的系統。就如心臟或肝臟不是獨立在身體之外，而是必須放在身體裡面，成爲整體的系統。

● 培育系統不是成人主日學，它的重點不只是在「培育」，更是在「系統」！所有的服事，都必須與培育系統掛勾。

● 培育系統可確保服事者都擁有教會的文化與價值；因此必須人人參與且系統化運作。

　　不同於教會有時會做的社會關懷事工或其他專案，培育系統不是一個可由可無的事工，它是教會整體的系統，好像心臟跟肝臟一樣，必須要放在身體的裡面，成爲整體的系統，當我們這樣看待它的時候，才能夠準確定位培育系統對教會的功能跟意義。

　　培育系統不是一種成人主日學。雖然在許多教會有類似成人主日學的課程，不過，一般成人主日學重點比較是在裝備、教導或者在培育，可是當我們講到培育系統的時候，不

只「培育」本身很重要，「系統」的概念也非常重要。所有的服事都必須跟這個系統掛勾，這樣子它才能夠帶動整個教會運作的功能，可以確保服事者，共同擁有這個教會的文化跟價值，進而讓每一個參與在這個系統裡面的人，產生共同的心思意念、價值以及策略。

培育系統的意義

旌旗教會同時存在培育課程以及小組生活，我把小組生活定義為家庭，而培育系統則是學校的概念。小組像一個家庭，因為小組的成員可能來自不同的背景，信主的年日也不見得相同，每個小組員的個性跟需要都不一樣，要個別地按照需要來牧養。但培育比較像學校的功能，要有系統來規劃教育的課程，為幫助一個人能夠有系統地在真理上成長。一個人若要在屬靈生命有所成長，一方面他需要小組家庭般的陪伴牧養，另一方面他也需要學校的培育系統，兩者相輔相成才能有效地幫助一個人成長。

小組生活	培育系統
是家庭 有機式的養育 一般性成長	是學校 系統性的養育 有效地成長
小組生活與培育系統需相輔相成	

培育系統對旌旗教會的助益

旌旗教會原本並沒有這樣的培育系統，直到 2010 年才全面進入現在的培育系統裡，而落實培育系統後，我們真的感覺到教會所有弟兄姐妹更加同心合意，往神為這個教會所插的標竿一起奔跑。

許多小組化教會，都是由小組長來牧養初到教會的新朋友，但是比起教會的牧師或者區牧這些上層的領袖來說，小組長畢竟還是稍顯稚嫩，所以小組教會發展到最後，常常會遇到的瓶頸，就是新來的朋友常常是被最稚嫩的領袖來牧養和陪伴，而牧養能力強的領袖都變成管理階層的領導者，有時候不容易接觸到第一層牧養的需要，所以小組教會發展到一定的規模之後，有時候新朋友進來，它的流失率相對變得很高。

1. 由高層領袖以真理養育新人，提高新人落戶率

培育系統其中一個意義就是可以讓高層的領袖，可能是區長、區牧、區督，甚至是牧師，可以藉著培育系統，階段地陪伴新來到教會的人，幫助他們在真理上可以受到裝備，然後成長。培育系統又好像在翻土一樣，翻好的土可以讓種子撒下去後，比較容易成長，會提高新人在教會的落戶率。

2. 系統化能強化教會體質，人人委身教會

　　如果一個新朋友都只接觸到小組長，以及其他一般性的大型聚會，有可能他對於真理的了解、對於教會牧養的本質，比較沒有機會深入瞭解。過去一些教會的成人主日學，或開的一些零星課程，比較沒有系統化，想上課的人會一直上課，沒有興趣、沒有意願的人一直不見蹤影，所以每次開課的時候，永遠都是同樣一批人上課。但在旌旗教會的培育系統裝備，每一個人都必須要參與，所以幾乎人人就會更加委身教會生活。

3. 小班制 (12-15 人) 營造門訓的關係

　　旌旗教會的培育系統的課程採取小班制，每班大約12-15人左右，經過 10 週的課程，它會營造一種門訓的關係。也因為有這樣子的關係，所以在老師跟學員之間，或者學員跟學員之間，會產生一個除了小組生活之外，另一個很強的同儕彼此扶持的關係。

4. 藉著教導與作榜樣，持續挑旺堅固領袖

　　旌旗教會培育系統中，成長班、門徒班，領袖班的師資，是由比較成熟的領袖來擔任，因為他要去教導培育課程、要作榜樣，在教導別人的過程自己也會被提醒，所以培育系統可以持續挑旺、堅固一個領袖，可說是相輔相成、教學相長的功能。

5. 更加有效地興起新的領袖

當培育系統在教會有效運作之後，會經歷到更多小組長、區長，各階層的領袖被一波又一波地興起，因為這個系統跟機制好像生產線一樣，許多來到教會的慕道朋友，經過培育系統而委身教會跟小組，他有可能慢慢就起來成為小組長，成為新的領袖。

6. 小組長的牧養得著中央支持

旌旗教會過去也如同一般的小組教會運作一樣，小組長自己要獨立承擔牧養一個小組的責任，雖然小組長上面也有其他高層領袖遮蓋，但畢竟第一線的牧養，絕大多數的責任，會落在小組長身上，如果小組長自己信主沒有幾年，自己還有很多生命問題要去面對，這時候還要去牧養新人，會覺得負擔好重，也會在服事上格外感受到壓力。

有培育系統之後，小組長就可以鼓勵他的小組員，去參加成長班、門徒班、領袖班，那為期 3 個 10 週的課程，會讓他的小組員在上課中，得到中央領袖們的支持，他們有機會在培育課程中跟老師對話，提出對聖經真理、生命成長的問題，這樣可以分擔掉小組長的重擔，也等於是讓領袖們透過培育系統支持小組長。

7. 興起五重職事中的教師職分

　　培育課程是一種不斷持續進行的內容，如果教會中有領袖具有教師的職分，他可以投入在培育課程當中，透過不斷地去教學，他的職分會越來越被顯明出來，這是很有價值的事情。

8. 傳承教會的 DNA

● 傳遞教會領袖對教會的價值觀
● 傳揚相同心思意念與教會文化
● 傳承教會的異象與屬靈的產業

　　在一般的教會，大概只有主日的時間，牧師或者教會的領袖可以向整個教會，表述教會所看重的價值，但是主日畢竟還有很多的內容要進行，並不容易完整讓弟兄姐妹了解教會所看重的價值觀、整體文化。但是透過培育系統，卻可以較完整地傳承：教會的價值觀、教會未來發展方向、核心價值、教會的異象跟屬靈的產業等等。

培育系統對旌旗教會的助益——數據分析

1. 有效提升教會受洗人數比例

　　提到教會的受洗人數統計，我認為受洗不是只看人數，而是要看跟聚會人數的比例，通常是至少要達到十分之一，

這是最基本盤。

　　我曾經在美國一份針對教會受洗人數比例統計報導中看到，一個開拓 1 年的美國教會，平均受洗比是 1:1，也就是說，牧師跟師母開始開拓教會，那麼 1 年大概會有 2 個人受洗，受洗比很高。那過了 5 年之後變成 5:1，如果這個教會有 100 個人的時候，那可能只有 20 個人受洗，那過了 50 年之後，就變成 50:1，這個研究顯示出，當教會歷史越久之後，教會傳福音的動能通常就越來越弱。這個研究雖然是以美國教會為主，但的確也是一種普遍存在的教會現象。

　　對旌旗教會來講，我們觀察到過去的確存在這種情形。旌旗教會在 1995 年開始成立的時候，我們大約 20 個人開始運作教會，我們一年的受洗人數，大概就是 20、30 人，幾乎都是 1:1 或者是 2:1，受洗比非常高。但是當我們教會發展到 2、3 百人的時候，我們的受洗比就降到大概十幾比一，一直到 2009 年，我們的受洗比大概都維持在 5 或 6:1，換句話說，每 5 個或 6 個旌旗教會的會友，至少有一個人是該年剛受洗的，我覺得這樣子的數據是比較健康的。

　　旌旗教會雖然已經 25 年了，但是我們傳福音的動能仍然持續運作中，這都要歸功於培育系統，因為在培育系統裡面，它有外展傳福音的概念，所以每一年有三波的外展活動，特別我們會在年底，有一波比較強大，全教會一起展開的外展，通常會有很多人新人在那時湧入教會，然後經過培育系統之後，他們能夠落戶在教會裡面，生命成長起來，也很明顯提高了受洗率。

■ 旌旗近年之受洗率

年度	旌旗總人數	受洗數	受洗比
2007	1528	109	14：1
2008	1910	145	12.5：1
2009	2408	300	6.4：1
2010	2990	551	5.4：1
2011	3850	1004	3.8：1
2012	5021	1233	4.0：1
2013	6072	1530	4.0：1
2014	7020	1627	4.3：1
2015	7228	1690	4.3：1
2016	8061	2084	3.8：1
2017	8643	1876	4.6：1
2018	9036	1540	5.9：1
2019	9440	1490	6.3：1

2. 小組人數提升到主日人數的八成以上

　　新加坡 FCBC 鄺健雄牧師在多年前，把小組教會運作模式介紹給台灣後，他曾講過：一個健康的小組教會，教會主日的聚會人數，跟小組的聚會人數應該是齊平的，甚至小組人數要比主日聚會人數更多，才是一個健康的小組化教會。

　　我們開始運作旌旗教會是從 20、30 人開始，那時候我們教會絕大多數的人都有小組生活，所以我們的主日人數跟小組的聚會人數，幾乎齊平的，差不多是 1：1 左右，但隨

著教會繼續發展，主日人數越來越增長，小組聚會人數也有增長，但是小組人數的增長速度，卻沒有主日的人數那樣子相同的增長。

本來是齊平的，但是慢慢地變成小組聚會人數只有主日聚會人數的八成，到最後，旌旗教會成長到3、5百人的時候，我們小組聚會人數大概只有主日聚會的五成到六成而已，而且這樣子的狀況維持相當長的一段時間。

■台中旌旗 2019 主日與小組數據

年度	主日/小組	%	年度	主日/小組	%
2005	782／421	53.8	2010	2682／2087	77.8
2006	1216／622	51.2	2011	3266／2565	78.5
2007	1352／875	64.7	2014	4733／3981	84.1
2008	1708／1188	69.5	2016	5105／5327	104.4
2009	2285／1707	74.7	2019	5534／5029	94.3

※2009 年開始，旌旗教會全面植入培育系統。當時教會已經二千多人，所以不是一下子全部到位，而且從一部分的人開始，慢慢植入培育系統。大概用了兩、三年的時間，所有的弟兄姐妹才都跑完培育系統。

※大概 2009 年開始，我們小組聚會的人數逐漸提升起來，跟主日聚會的人數，慢慢趕上到 74.7%。

※2014 年的時候已經到達八成。

※2016 年甚至小組聚會人數多於主日聚會人數。

※2019 年至今，旌旗教會一直保持小組聚會跟主日聚會之間的比例在九成以上。

※2010 年之後，當整個教會進入培育系統的運作之後，小組人數一路提升到九成左右，對中大型小組教會來說，這真的是不容易的事情。所以我們非常感謝神，透過培育系統，幫助教會運作更加健康化。

我那時候覺得，如果以鄺健雄牧師的標準來衡量旍旗教會，當時旍旗教會似乎不那麼健康。我曾試著用很多的方法，提醒弟兄姐妹，除了參加主日之外，還要參加小組，鼓勵每一個人要過小組生活。但不管怎麼勸說、怎麼鼓勵，好像這個數據很難改善。一直到開始做培育系統之後，小組聚會的人數逐漸跟上主日聚會的人數。旍旗教會的培育課程，要求學員在主日、小組的出席率都要達標才能結業，從中也幫助學員可以過一個完整的教會生活。

■ 全球旍旗 2019 主日與小組數據

年度	主日/小組	%	年度	主日/小組	%
2005	896/578	64.5	2010	3079/2953	95.9
2006	1391/942	67.7	2011	3877/3786	97.7
2007	1606/970	60.4	2014	7020/6600	94.0
2008	1950/1372	70.4	2016	8061/8284	102.7
2009	2604/1943	74.6	2019	9440/8896	94.2

※2005 年的時候，全球旍旗的植堂點，主日/小組人數比例是 64.5%。

※2010 年，我們發現全球分堂比母堂更快速進入九成，甚至超過百分之百，因為植堂的教會、剛開始起步的教會，一旦開始做培育系統之後，小組人數跟主日人數幾乎會是一致的。

3. 更有效地興起小組長與區長等新領袖

過去旍旗教會跟許多其他教會一樣，會遇到類似的瓶頸，就是要栽培一個小組長需要經過很長的時間，常常覺得

領袖不夠用，有些人甚至當牧師或者領袖來邀請擔任小組長的時候，也很害怕去承擔牧養的責任。但當旌旗教會做培育課程之後，我們發現比較容易產生小組長。當旌旗教會開始展開植堂運動之後，也因為有培育系統，才能夠源源不絕地興起更多小組長，也才能夠牧養許多剛來到教會的小羊，這對整個教會來講是一種良性循環。

■旌旗近 10 年小組數

年度	組數	年度	組數
2009	176	2015	968
2010	224	2016	980
2011	355	2017	1169
2012	552	2018	1195
2013	700	2019	1227
2014	854	2020	1350

※旌旗教會有多少小組，大概就有多少位小組長，當然也有少數的小組長，一個人帶兩個組，從這些數據可以看出從 2009 開始，每一年的小組數都不斷地提升。

4. 幫助教會更成功地展開植堂運動

旌旗教會的主要異象就是遍地植堂，我們要看見到處都在建造剛強榮耀的教會。而且我們有一個很重要的概念，就是每一個開拓出去的旌旗教會，都需要再去開拓出新的教會，這是旌旗教會很重要的核心價值、屬靈意義，我們相

信不斷不斷地開拓教會，到最後全地都要充滿剛強榮耀的教會。

　　問題是我們能有效的植堂嗎？過去，我們嘗試了許多植堂的方式，早期所建立的教會未必能夠健康成長，等到旌旗教會從 2010 年開始，才開始有效地植堂。為什麼我特別說2010 年？因為 2010 年開始，我們的培育系統才全面架設起來，我們也鼓勵所有旌旗教會的植堂點，都要做培育課程：E1 營會＋成長班、E2 營會＋門徒班、E3 營會＋領袖班，所有的植堂點全面同步做培育課程，當他們做起來之後，我們發現植堂運動就能夠更有效地成長。

■ 植堂果效分析

- 嚴格而論，旌旗從2010年起，才有效植堂

- 現況：台中母堂5379人，所有分堂3669人

- 若將台中的分點均計入植堂運動部分
  台中母體：**3560人** (扣除大台中分點1819人)
  植堂總加：**5488人** (從2010年至現今，僅10年！)

※台中旌旗教會母堂與大台中地區的分堂點，人數 5379 人，而台中之外的台灣、海外的分堂點，總加大概有 3669 多人。

※旌旗教會母堂有 3560 多人聚會，但是大台中地區有 1819 人聚會。如果把大台中地區的分堂點總人數 1819 人，計入植堂運動的部分，1819+3669 人數是 5488 人。

※這也就是說：從 2010 年到現在，僅僅 10 年的時間，我們的植堂運動所產生的人數，遠比母堂的人數還要多，這個數據讓我們看見植堂運動所帶來的果效。

5. 藉由培育系統幫助許多期待突破的教會

　　讓我們比較意想不到的事情，就是來自不同教派的許多教會，前來觀摩旌旗教會的培育課程，這也讓我們有機會能服事台灣或海外許多期待突破的教會。其中，我們也幫助了一些日本教會。在東京，有一個二十一世紀教會，他們試著導入旌旗教會的培育系統，也帶來一些成長的突破。

　　另外在日本沖繩白之家教會，他們非常認真按照我們的培育系統，來運作他們日本人的教會。2011 年，沖繩白之家教會的伊藤牧師，邀請我過去沖繩參觀他們的教會，當時他們的教會在一個地下室，大概只能容納 70、80 人。其實在日本，能有 70、80 人聚會已經算不錯了，但是沖繩白之家教會充滿了傳福音的動力熱情，他們很想有更大的突破。

　　伊藤牧師非常謙卑、認真、迫切地禱告，並且跟隨我們整個培育系統，他們 2011 年來了解這個系統，2012 年派一些同工來受訓，當時我們也特別請了日文翻譯，來協助他們上課。然後從 2013 年開始，沖繩白之家教會植入這一套培育課程。他們教會從原來的 70、80 人，到現在聚會人數大概將近 500 人，這在日本真的算是大教會了，也因此沖繩白之家教會在當地變成很有名的教會。白之家教會並且在東京、沖繩、還有在宮谷島，又建立了一些教會。我們覺得十分感恩，旌旗教會的培育系統可以祝福別的教會。

2011-2018年統計	
教會總數	295間
參與人數	1088人

（單位：「間」）

長老會	65	行道會	8	禮拜堂	5	真理堂	1
靈糧堂	44	循理會	3	聖教會	2	神召會	9
浸信會	14	貴格會	2	信義會	10	門諾會	2
協同會	5	基督之家	4	錫安堂	4	其他	111

※從 2011 年到 2018 年，旌旗教會舉辦密集班給其他教會牧者參加。僅 2019 年暫停舉辦一年。截至 2020 年止，不同的教派來觀摩旌旗教會的培育課程，參加成長班、門徒班、領袖班等，超過 300 間教會，總參加的人數超過一千人。

What
培育系統

旌旗的培育系統，可以用一個疊包表的概念來描述。

一個人來到旌旗教會，他可能是由外展小組開始認識旌旗教會，我們會邀請他完成這個疊包表：E1 生命更新營＋10 週成長班、E2 門徒建造營＋10 週門徒班、E3 基督精兵營＋10 週領袖班。

我們希望每個來到旌旗教會的新朋友，不論是基督徒或慕道朋友，都可以完整走過這個培育課程，也就是疊包表。除了能按著不同階段給予真理裝備訓練外，對整個教會的看法、認知也會更趨於一致，讓整個教會可以更加同心往前。

每年旌旗教會會展開三波的外展運動，外展是教會用來傳福音的方式。我們會在每一波的外展結束之後，舉辦 E1 生命更新營，目的是希望將我們傳福音觸及的新朋友，邀請他們進入培育系統中的 E1 生命更新營，可以透過這個營會，經歷神、遇見神，他們可以更有效跟教會接軌。

每年 1 月辦 E1 生命更新營，收割 12 月前感恩外展來的新朋友。每年 5 月辦 E1 生命更新營，收割 4 月前一般外展來的新朋友。每年 9 月辦 E1 生命更新營，收割 8 月前一般外展來的新朋友。

旌旗領袖培育系統 2.0 / Banner Church Equipping 2.0

門徒班 10 週
(ID 營)
琴與爐

門徒建造營
E2

成長班 10 週
（天父的愛）
QT 落實養成

基督精兵營 E3

E1 生命更新營

領袖班 10 週
事工團實習

外展小組
新人關懷與落戶

Start

■ 旌旗培育系統的內容重點

項目	培育重點	操作重點
外展小組 (3+5週)	分享福音的好處，闡明人生的 意義，經歷耶穌的能力	帶領決志 經歷神蹟
成長班 (10週)	屬靈習慣的養成，建立真理的 根基，教會生活的委身	Check作業 靈修、聚會等
門徒班 (10週)	領受生命的產業，生命主權的 交出，內在生活的操練	屬靈的 操練與事奉
領袖班 (10週)	福音外展的訓練，教會異象的 浸透，真理與態度的裝備	參與外展 小組開拓

E1 生命更新營＋成長班

　　E1 生命更新營是一天半的營會，台中旌旗教會是訂在週六早上九點一直到晚上，還有隔天週日的早上九點大概到下午兩三點舉行。營會的內容包括認識教會、自我探索、生命清理、領受聖靈、預言的服事、孤兒的靈跟天父的心課程，對於慕道友或基督徒來說，這是一個非常重要的祝福。

　　經過週末一天半 E1 生命更新營之後，我們就會邀請他參加接下來 10 週的成長班，這 10 週成長班的課程內容設計，是要幫助人養成屬靈生活的習慣，包括穩定參加主日聚會跟小組聚會。每一個來到旌旗教會的新人，如果他參加成長班，就必須同時在主日、小組聚會的出席率上達標，才能在成長班結業。經過十週之後，一個人可能就養成聚會習慣了。所

旌旗領袖培育系統 2.0 / Banner Church Equipping 2.0

門徒班 10 週
(ID 營）
琴與爐

門徒建造營
E2

成長班 10 週
（天父的愛）
QT 落實養成

基督精兵營
E3

E1
生命更新營

領袖班 10 週
事工團實習

外展小組
新人關懷與落戶

Start

E1 課程內容
● 認識教會
● 自我探索
● 生命清理
● 領受聖靈
● 預言服事
● 孤兒的靈
● 天父的心

以成長班一個很重要的功能,是幫助新朋友,不論是基督徒
或慕道朋友,養成屬靈生活的習慣,包括他會個人靈修,並
且有穩定參加聚會的習慣,建立一些信仰的真理根基等等。

E2 門徒建造營+門徒班

當一個學員完成成長班 10 週的課程,並且完成受洗,
我們就會邀請他參加 E2 門徒建造營。E2 門徒建造營舉辦是
周六一整天,大概從早上九點到下午吃晚餐左右的時間。營
會的內容有領袖訓練、屬靈恩賜的訓練、與神交流、屬靈爭
戰。營會結束後,我們會鼓勵他報名參加 10 週的門徒班。
這 10 週的門徒班內容,我們會分享:如何更多了解神預備
要給我們的產業,還有如何把生命主權交給神,並且學習操

練敬拜的生活、內在生活等方面，這些我們都會在門徒班的
課程中裝備每一個學員。

E3 基督精兵營＋領袖班

當一個學員從門徒班結業之後，我們就會邀請他參加
E3 基督精兵營。E3 基督精兵營也是週六一整天，大概從早
上九點到晚上吃完晚餐結束。營會的內容會學習到如何成為
基督精兵、牧養技巧工作坊、分賜恩賜，加上之後的 10 週
領袖班。我們期待透過這樣的過程，來預備一個學員可以起
來作領袖，成為未來儲備的小組長人選。10 週領袖班的內容
包括：學習做傳福音外展、認識教會真理、預備成為領袖的
態度等裝備課程。

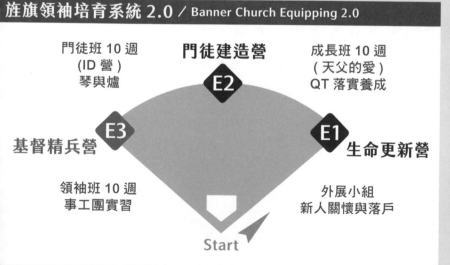

旌旗領袖培育系統 2.0 / Banner Church Equipping 2.0

門徒班 10 週
（ID 營）
琴與爐

門徒建造營
E2

成長班 10 週
（天父的愛）
QT 落實養成

基督精兵營
E3

生命更新營
E1

領袖班 10 週
事工團實習

外展小組
新人關懷與落戶

Start

E3 課程內容
● 成為基督精兵
● 牧養技巧
● 四大工作坊
● 分賜恩賜

How
培育系統

對於旌旗教會的弟兄姐妹來說，我們已經運作在這個培育系統中，倘若有一天有人要參與開拓教會或植堂，那麼只要繼續按照旌旗教會的系統去運作就行了。但若針對其他教會的領袖或者牧者來說，談到要怎麼樣開始架設一個培育系統，我們會建議要先預備培育系統的土壤。如果把種子放在一片沃土上面，這個種子可能就會長出一株植物來，所以當一個教會要開始運作這套培育系統的時候，最好我們要先整理一下自己的教會，先把合適的土壤培養好，讓這個培育系統能夠成功植入。

預備架設培育系統的『土壤』

1. 主責者須明確領導

2. 領袖團隊全然支持

3. 教會須對聖靈開放

4. 先整頓主日與小組

5. 定意落實外展小組

6. 確保行政有效支持

　　我知道有一些教會可能設有長執會、小會、執事會、核心同工會等各樣的團隊，有這樣的團隊很好，我們會鼓勵大家需要同心合意來植入培育系統，而且我們建議教會必須對聖靈開放。因為旌旗教會的培育系統，有很多課程會談到屬靈恩賜的運用，包括為人領受預言祝福等等，一個比較保守的教會，或是對聖靈比較無法接納的教會，這個部分操作起來可能會比較辛苦一些。所以我們建議教會如果願意的話，可以對聖靈有更多敞開，這樣子才合適成為能植入這套培育系統的土壤。

　　此外，我們建議先整頓教會的主日跟小組，並且要認真落實培育系統中的三波外展活動，確實去傳福音。無論是用旌旗教會的外展系統，或者幸福小組等等，做很有感動力的福音外展聚會，為的是要確保教會不斷地有新朋友加入，不然，教會培育系統跑完一輪就沒有了。這就像學校一樣，如果沒有新生加入，學校自然就會關門。

　　所以一個教會如果沒有啟動常態的外展，說真的，做培育系統只不過把老信徒，再繞一圈培訓而已，其實意義並不大。所以我們會鼓勵每一個教會，如果要做培育系統，要開始認真地考慮，怎麼樣有效來傳福音？最後要提醒的是，一旦做培育系統之後，就會有許多的行政工作產生，像是製作文書資料等等，要確保行政方面可以有效支持。

如何架設培育系統？

1. 定位自己教會
- 包括歷史、DNA、核心價值、異象

2. 先調整教會體質
- 主日建議以生活應用性為主軸
- 小組要先健康，培育才有果效
- 調整決策結構，接受聖靈恩賜

3. 求對，不求快
- 是麵酵，是芥菜種。
- 由少且質精，做到多而量大。

4. 作出典範與見證
- 帶出見證的力量，見證複製見證
- 醞釀一種期待的氛圍，漸成運動

培育系統是一個工具，它不是教會的目的，它能夠幫助教會更有效達成上帝給這個教會的異象。教會自己要去定義，神給這個教會的呼召跟異象是什麼？我覺得這是非常重要的事情。先定位好自己，包括自己的教會的歷史DNA、核心價值、教會的異象，再來調整教會的體質。

如果我們要不斷地展開外展傳福音的活動，那麼我會建議主日的聚會，盡量用生活性與應用性的主題。主日專業化跟牧養健康化要先做，再來做培育系統化才會有果效。

此外，我想要提醒教會在推動培育系統的時候，要記得求對不求快，由少而且質精，做到多而且量大。我們不鼓勵教會一開始就全面的推培育課程，而是先從少部分的人開始做，最好牧師先自己帶著做 E1 生命更新營、成長班，做完之後可以邀請一些參與的人來作見證，分享他完成了 E1 生命更新營、成長班之後，生命得到什麼樣的祝福？

如果很多人因為參加教會辦的 E1 營會＋成長班、E2 這營會＋門徒班、E3 營會＋領袖班，他們的生命有很大的更新跟改變，自然會有更強的動力來服事與傳福音，這就好像是麵酵的概念，讓好的酵在教會慢慢產生影響力，讓願意參加培育課程、成長班的會友，慢慢在教會成為多數，帶出見證的力量。我們相信見證會複製見證，醞釀一種期待的氛圍，形成一股力量，成為一個運動，會讓更多弟兄姐妹投入在培育系統裡面。

領導明確化

第四支柱

　　從旌旗教會的牧會經驗所分享的領導策略，或許會跟其他宗派有很不同的角度，但是一個教會如果要健康發展，領導明確化是非常關鍵、非常重要的，這是符合聖經真理的領導決策機制。

　　當我們在教會裡面，需要做一個決定的時候，可能會收到很多不同的聲音或意見，有時候因爲聲音太多、意見太多，會讓我們舉棋不定。因爲無論你做哪一個決定，總有一些人高興，一些人不高興。遇到這種狀況，有時候我們又想促成合一，不想看到教會分門別類。以上這些複雜的考量，可能會讓我們裹足不前，倘若教會一直處在這種情況之下，就很難向前發展。

教會的主權必須單屬基督

　　首先，我們要清楚知道聖經是怎麼看待教會的領導？教會的決策機制是什麼？在探討這前提下，我們先要掌握一個很重要的眞理概念，就是教會的主權必須要單單屬於基督。教會不是牧師的，不是長執的，也不是核心團隊的，從牧師到所有的領導團隊，都必須降服於基督的主權。

行使主權的結構必須要用神的方式

很多時候我們因為歷史的推演，會覺得什麼樣子的決策方式，在團體、組織裡面是更好的，會想要把一些決策模式移植到教會裡面來，當然會這樣思考是很自然的，但針對教會這樣的基督身體，有些方式未必是可行的。

舉民主制度的例子來說，民主制度是人類在歷史發展當中，慢慢找到一個國家對政府的運作更有效、更符合人民心意的機制，這在政治或在治理國家上面，相對於其它的制度來說是比較好的。

因為整個人類的文明發展，開始產生更多的代議制、民主制度，所以很容易讓人覺得這套制度，應該放在教會裡面來運作，但我領受聖經從來沒有鼓勵我們，用民主機制的方式來為教會做決策。

當我們想要用民主機制來決策教會的事情的時候，可能就會跟「教會主權必須單屬基督」這個前提相違背。教會必須用神的方式，建構符合聖經、主權要單屬於神的決策方式，而不是用人所延伸發展出來的方式。

什麼是領袖團隊制

旌旗教會用的決策機制是「領袖團隊制」，這是我們從聖經舊約到新約，一路看下來的機制。神都是找到一個人，再

賦予這個人一個團隊，來完成一椿使命，這就是所謂的「領袖團隊制」。從聖經來看，神選擇用人，而不是用委員會來運作祂的組織或團體。

在教會裡面做決策，若使用民主制度，可能就是用投票，以多數的結果來做教會的決定。但是我們認為聖經告訴我們，由一個領袖帶領一個團隊，這個團隊要有好的關係，彼此合一跟相愛，碰到有事情要做決定時，要經過充分的溝通，整合不同的意見、思想之後，最後由領袖來拍板做決定，而不是一種投票制由多數決定。我們常常想用很多的方法來幫助神，或者幫助教會，找到一個更有效的運作機制，但是教會是屬神的身體，必須按照神的法則，在信心當中運作才能夠蒙福。

有一個圖像經常出現在我裡面，就是烏撒扶約櫃。大衛第一次要把約櫃迎進他的城時，他用牛來運，結果那個約櫃遇到坎坷路，好像快要掉下來了。這時候出現一個人叫烏撒，他出於好意動機就去扶那個約櫃，結果他當場被擊殺。這件事情讓大衛非常恐懼跟錯愕：為什麼神要擊殺烏撒？

很多時候我們自以為聰明，好像烏撒出於好意想幫助神一樣，我們常想給神一個更好的方法，來幫助神有效地去做神要做的事情，但是我們必須承認神有祂的想法與原則，我們只要用信心來相信神的作法就可以了。

為什麼要以
領袖團隊制
運作教會？

神主要是用人，
之後再輔以組織

摩西若由「出埃及委員會」作決策，我們不會看見紅海分開，以色列人得著應許之地的歷史發生。（參考出埃及記 14:10-12）

很多教會都說我們要有長執會、小會、委員會一起做決策。但是從歷史來看，神主要是用人，然後輔以組織來完成使命，可以從聖經中幾個例子來看，摩西決定過紅海，如果當時是由他的團隊「出埃及委員會」來做決策，我們不會看見紅海分開，因為摩西在紅海旁邊，大概就被革職了。因為他把以色列人帶到一個看起來是死胡同的路，前面是紅海、後面是埃及追兵，「出埃及委員會」大概不會同意摩西帶大家走這一條死路，他們可能會決定全部投降、全部回埃及。但是聖經很清楚地記載，本來摩西沒有要走這一條路，是神說你要走這一條路，所以是神藉著摩西，把以色列人帶到這個地方來。

大衛若由「亞杜蘭洞委員會」決定是否去追回被亞瑪力人擄走的家人與財產，他應該會首先被革去領袖之職。（參考撒母耳記上 30:1-6）

　　在撒母耳記上記載，大衛帶著亞杜蘭洞的一群勇士們出去打杖。事實上，他是要跟其它的軍隊一起結合，後來因爲人家不信任他，被拒絕了，所以他就班師回朝。但想不到他回來後發現，他們原來居住的地區，被亞瑪利人整個擄走。包括他們的家人、財產，全部都被擄一空。大衛與士兵們都非常痛苦，因爲他們爭戰的目的，就是要眷顧他們的家屬，想不到一切都失去了。

　　聖經記載當下所有人都很生氣，很想用石頭把大衛打死，因爲大衛害他們被調虎離山，整個被設計了。但是他們發現，並沒有屍體在那地方，只是家眷被擄走而已，所以大衛就問神說：「我想把他追回來可不可以？」神鼓勵他說：「你可以追回來的。」所以大衛非常堅定倚靠神，帶著他的亞杜蘭洞士兵們，就一直追趕敵人。

　　這個故事的結局是，最後大衛與他的勇士把所有的家人跟財產全部都奪回來，沒有一個人受到傷害，神彰顯祂極大的保護在大衛身上。但是我們回看這個事件，如果大衛當下做一個決策，由「亞杜蘭洞委員會」一起來討論怎麼辦的話，我相信大衛大概當場不是被處死刑就是被革職。

　　尼希米若由「築牆委員會」來作決策，他在處理官員與領袖們的既得利益事件中，很可能就喪失權利了！（參考尼希米記第五章）

　　尼西米回到耶路撒冷重建城牆，事實上他遇到非常多的反對。按照摩西的律法，以色列人不能跟自己的弟兄放高利

貸，人家跟你借錢，你要無息借給他們，對外邦人你可以加
利息，可是對自己人你不可加利息。可是，回歸的以色列人
當中，卻有很多放高利貸的行為，所以有錢的人越有錢，沒
有錢的人越貧窮。當尼西米知道這件事情的時候，他企圖改
變這個結構，阻止他們繼續那樣做。如果尼西米當時是由一
群當地的仕紳，或是有權有勢的人組成一個委員會，來討論
這個弊病是否要停止，我想尼西米大概就很難改變什麼。

　　神都是在一個時代裡面，或者在一個組織當中，使用
一個人，然後給他一個團隊，來完成神託付給他們的重要使
命，從聖經的舊約到新約，神運作教會相關的組織與團體，
就是「領袖團隊制」。當我們碰到事情時，大家都會用自己的
角度來看問題，提出各種不同的意見，有些時候，神需要領
袖做出信心的決定。基本上，我們必須信任神，也信任神所
託付的領袖，還有這個領袖所帶領的團隊，因為連耶穌都選
擇信任彼得與其他門徒，託付這些門徒大使命。雖然有時候
要信任神給我們的領袖，並不是件容易的事情；但是，不論
神把我們放在什麼樣的領袖下面，就是要讓你學習信任、順
服他。當然，神不會永遠把你放在同一個領袖下面，在不同
階段，神藉著每位領袖來幫助我們面對一些生命的功課。

　　有一句話：說絕對的權柄，帶來絕對的腐敗，但是我
們要想一下，絕對的權柄帶來絕對的腐敗，這句話是不是真
理？如果這一句話是真理的話，那麼整個宇宙當中最腐敗
的，　不就是神了嗎？因為神擁有絕對的真理，那神應該是
絕對的腐敗，所以這句話不是真理。它可能在某一個領域裡
面是真理，但它卻不是一個絕對真理。可是很多人把這句話

奉爲圭臬，認爲教會的運作不應該讓牧師太有權力，不能讓
長老太有權力，不能讓某一個領袖太有權力，免得他腐敗了。
我認爲神要我們信任領袖，就好像神要我們信任祂一樣。

爲什麼我們需要用民主制度來選舉或做決策，背後的根
基跟理論是基於對人性的不信任，所以需要制衡。因爲不信
任一個領袖，所以不能讓他擁有太多的權柄，所以用很多的
機制來制衡他。但是上帝的教會它的根基是信任，你必須對
神有信心，學習信任神所託付跟揀選的領袖，這樣才能夠運
作教會這個信心團體。

這是屬神的組織運用的領導模式

團隊要運作必須有秩序，就要有一個領袖，其它人是一
起來輔佐他的團隊，這就會產生秩序也會產生權柄。雖然有
不同的角色、秩序與權柄，但是在神的眼中這個團隊的成員
都同樣重要、有價值、同享尊榮，只是在神的團隊當中，神
必須設立一個領袖，或者一個權柄者來作頭、作領袖，讓團
隊可以運作。

我常常聽到一些牧師或教會說：我們有五個長老，或者
我們有五個牧師，我們教會任何決策，需等這五個牧師都同
意了，我們才會做那個決定，只要有一個人不同意，我們就
不做那個決定。每當我聽到這種決策模式，我非常尊重也非
常欽佩，我也覺得能夠這樣做很好，但是我要說，這不是聖
經指示我們的決策模式，因爲聖經沒有說任何一個決定，要

這五個長老或是五個人全部都同意才能夠做，因爲這不是神的方法論，神沒有叫我們這樣做，看起來好像很合一，看起來好像很民主，但是其實會干戈，會讓教會無法往前。即便建立教會的第一代核心領袖都很同心，但等到他們的第二代，如果還是用這種決策模式，恐怕就無法運作了。

> 「因爲丈夫是妻子的頭，如同基督是教會的頭；他又是教會全體的救主。」（以弗所書5：23）

美國維眞大學神學院院長貝克博士（Dr.Bekker）曾提到過：神在地上只承認兩個組織：一個是家庭，一個是教會，而這兩個組織運作的結構基本上是一樣的。例如：在家庭中夫妻就是一個團隊，可是神設立這個團隊，需要有一個人做頭，這個頭就是丈夫。也許百分之九十九的問題，這對夫妻看法和決定都很一致，可是難免有朝一日會遇到兩個人看法不一樣的時候，就必須有一個人做最後拍板的決定，以家庭來說，神設立丈夫做家庭的頭，他是最後拍板做決定的人。

這並不是說丈夫就比較強、比較有價值、比較聰明、比較厲害，聖經從來沒有這樣說，聖經說夫妻兩個是一樣重要、一樣有價值、一樣有他的位分在家庭裡面。只是，如果要形成一個團隊，必須有一個人做頭，有一個人做最後的拍板，而上帝是揀選做丈夫的來扮演這個角色，

> 「……我希望你們明白，基督是每一個男人的頭；丈夫是妻子的頭；上帝是基督的頭。」（哥林多前書11：3b，現代中文）

聖經上講的非常清楚，三位一體也是一個團隊，這三位一體當中，有一個頭是父神。也許有人認為三位一體的神，本來就是三合一、一合三，當然非常同心合意，他們沒有看法跟意見不合的時候。真的嗎？仔細看聖經會發現並不是如此，例如：在客西馬尼的時候，耶穌的看法就跟天父的看法不太一樣，耶穌說如果可以的話，能不能叫我不要喝這個苦杯？連三位一體的神，都有這種時刻，聖子與聖父的看法，有不一樣的地方。但是，聖子說：願祢的旨意成就，不要照我的意思，要照祢的意思，所以耶穌祂很清楚知道這個結構，雖然祂有祂的意見，有祂的期待，可是祂不會強迫天父照祂的意思來做，祂把最後的拍板權交給阿爸天父。阿爸天父雖然很不忍心，但還是決定讓祂的兒子走上十字架的道路，完成人類的救贖工作。

領導教會應依循權責相符的原則

要讓教會負責任的人，同時是有權決策的人。

我常常發現，很多的教會都認為教會運作的成敗要牧師來負責，但很多時候，牧師卻沒有擁有這個教會的決策權，因為決策權是在長老團身上或在執事會身上，牧師既沒有人事決策權，也沒有財務決策權，甚至沒有事工決策權，可是牧師卻要為一個教會的成敗負最大的責任，這樣子公平嗎？

　　我必須說，有很多運作很久、習以為常的教會決策機制，並不符合聖經的真理。倘若教會經常費不夠，誰負責？是教會的財務委員嗎？當然不是，教會的建堂如果錢不夠誰負責？建堂委員嗎？也不會是。其實最後都是由教會的領導負責，甚至主任牧師負責。那既然牧師要負起最大的責任，教會應該同時賦予牧師相對的權柄，讓他可以做拍板決定，我認為這是一種權責相符的概念。

教會運作須奠基彼此信任的基礎

　　每一間教會必須做出決定，是不是信任神所設立的教會領袖團隊？這就是教會跟一般的社會團體組織，或者跟政黨政治，非常不一樣的運作機制。除非我們發現牧師或者某一個領袖，他在金錢上、性關係，或者在品格上面，有具體犯罪的事實和證據，那麼應該要予以免職，要接受輔導跟調整，除此之外，如果他是一個教會的牧師、是團隊領袖的職分，那麼教會的弟兄姐妹，都應該尊重他的領導權。

　　屬神的團體──教會，須奠基於信任（領袖團隊）的基礎上，而非不信任（民主選舉）的基礎上。我相信神賦予牧師相對的權柄來領導教會，同樣的，他也要為這個教會的成敗負最大的責任，如果教會可以這樣來看待領袖領導團隊，我相信教會會更加健康。

教會所需要的是監督，而非制衡

雖然我們選擇信任，但我們需要建構一套有效的機制，讓負責任者有決策權，同時也有適當的機制予以監督。然而，其目的不是要建立一種「制衡機制」，而是建立「合作機制」，同心完成神託付給教會的異象。

制衡的意思是：我可以不准你做這件事情，我可以反對你做這個決策，那比較是制衡的概念，那監督的概念只是說，這個領袖所做的一切的決策，應該是可以透明被檢視的，那我認爲教會需要的是監督，而不是一種制衡的概念。

在旌旗教會有設置「旌旗財務稽核小組」，以及相關財務SOP，來規範全球各分堂點與所屬機構的財務原則，並且不斷修正改進。我們希望建構一套成熟且健康的教會運作及管理模式，來祝福許多的教會，以及正在全面展開的教會植堂運動！

領袖團隊制才能夠有效的讓教會的領導明確化。

好像一個家庭當中，當一個夫妻生了三個孩子之後，不能說每天晚餐要吃什麼，都讓大家投票決定，如果孩子還很小，每天晚上孩子都說要吃速食，那只好民主決定，這個家庭每天晚上只好吃速食，我想父母親不會同意這樣的事情。因爲父母親知道什麼是對孩子健康，所以一個家庭的結構，父母親是領導，孩子們是順服的一種結構，那甚至在父母親當中都有一個頭，是做爸爸的、做丈夫的，要最後起來拍板，

同樣的，這一個家庭的成敗責任，也是這個做丈夫的要負最大的責任。

教會的概念跟家庭的概念，從神來看是類似的，所以教會也要這樣子來運作，我們都要聽聆聽很多的建議，但是不同層級的領袖跟團隊，要為他所負責的那一塊負起決策的責任，而且要為這個決策負起成敗的責任。

在旌旗教會我們常常說，一個小組的成敗，小組長要付最大的責任，一個區，區長要負最大的責任，一個督區，區督要負最大的責任，一個區牧要為他整個牧區的成敗負最大的責任，一個教會一個分堂點的牧師，或者區牧要為那一個分堂點的成敗負最大的責任，旌旗教會的整體，主任牧師要負最大的成敗責任。所以在旌旗教會，主任牧師也被賦予較多的責任跟權柄，來做很多重要的決策，依循權責相符的原則來運作的時候，教會才能夠有效地往前。

服事權能化

第五支柱

有些教會覺得在教會裡運作屬靈的恩賜，可能會引起混亂而有些擔憂。但聖經上說，神已經透過聖靈的大能，賜給我們屬靈恩賜，為要裝備聖徒去傳福音，為主作見證，使聖徒發揮其恩賜與職份來建造教會，這是神透過祂自己賜給教會的，因此，教會無需懼怕或拒絕。

一個教會要健康的運作，真的非常需要倚靠聖靈的大能，這就是服事要權能化的原因。

在教會鼓勵
運行聖靈恩賜。

「你不要輕忽所得的恩賜，就是從前藉著預言、在眾長老按手的時候賜給你的。」（提摩太前書 4：14）

「各人要照所得的恩賜彼此服事，作神百般恩賜的好管家。」（彼得前書 4：10）

【提摩太前書 4：14】這句經文中，保羅跟提摩太說，你不要輕忽所得的恩賜，就是從前藉著預言，在眾長老按手的時候賜給你的，換句話說，提摩太已經領受到，包括保羅在內的這些眾長老，按手在他身上給他屬靈的恩賜，並且保羅鼓勵、挑旺他，要勇敢使用這些恩賜。【彼得前書 4：10】也提到說，神給了教會百般的恩賜，每一個人都可能有不同的恩賜，我們應該要好好在教會裡面運用，做一個恩賜的好管家，才能夠建造神的教會。

聖經裡面許多地方都提及要好好使用恩賜，因此我們應該抱持接受的態度。如果教會在這個時代裡面，沒有聖靈大能的同在，沒有恩賜的運行跟彰顯，真的很難讓福音有效地廣傳，教會也沒有辦法剛強興盛被建立起來，因此我們要積極鼓勵運用預言的恩賜在教會中。

> 「你們要追求愛，也要切慕屬靈的恩賜，其中更要羨慕的，是作先知講道（原文作：是說預言；下同）。」（哥林多前書 14：1）

> 「你們也是如此，既是切慕屬靈的恩賜，就當求多得造就教會的恩賜。」（哥林多前書 14：12）

有些教會害怕使用預言來服事，可能是因為過去有些不成熟的基督徒，冒神的名亂發預言，或者是誤用屬靈的恩賜，特別是預言的恩賜，以致於教會因為害怕也就拒絕了。但是從聖經來看，預言的恩賜在教會當中，特別需要被積極鼓勵的，【哥林多前書 14：1】特別強調，在各種屬靈的恩

賜當中，更要羨慕的是作先知講道。「作先知講道」如果我們查原文，事實上就是指「說預言或者發預言」。保羅的意思是一定要奠基在愛的基礎與態度，來運行各樣屬靈的恩賜，而所有的恩賜當中，保羅認為最需要運用在教會當中的恩賜，就是說預言或者發預言。

【哥林多前書 14：12】當中，特別提到把發預言跟說方言兩個恩賜做一些對照，說方言是造就個人，但發預言是造就教會，所以如果教會要健康化的發展，需要讓聖靈的恩賜運行，用預言來運作會讓教會得著建造。

在教會發展
屬靈恩賜的
基本條件。

清楚的聖經教導

「這一切都是這位聖靈所運行、
隨己意分給各人的。」（哥林多
前書 12：11）

屬靈恩賜的功用：

1. 目的為使神得著榮耀
2. 裝備聖徒去傳福音，為主作見證
3. 裝備聖徒發揮其恩賜與職份，建造教會

聖經上說，這一切都是這位聖靈所運行，隨自己的意思
要賜給各人的。神給每一個信耶穌的人，都有聖靈的運行在
他身上。按照聖經來說，這些恩賜不是一種天然的才幹，是
一種超越其本身天然所能夠做到的一種超自然的能力。

當我們運作各種屬靈恩賜的時候，人們就知道聖靈與我
們同在。神與我們同在，神的名就得著榮耀。聖靈的恩賜最
主要的目的，就是裝備聖徒去傳福音、為主作見證。所以耶
穌在離開門徒之前說，你們要等候聖靈的澆灌，聖靈澆灌在
你們身上，你們就要得著能力，要在耶路撒冷、猶太全地、
撒馬利亞直到地極，為主作見證。

聖靈的恩賜也會裝備聖徒發揮他的恩賜，我們透過使徒、先知、傳福音、牧師、教師這五重職事的運作，教會才能夠被建立起來。教會的建造不是按照個人的想法、才幹能力，這些都只能夠把教會建造到一個人能夠做到的程度，但是如果教會要能夠影響城市、影響國家，需要倚靠聖靈的恩賜，還有聖靈所賜的五重職事的職分，這樣子才能有爆發力與影響力，建立榮耀的教會。

明確的權柄架構

「先知的靈原是順服先知的；因為神不是叫人混亂，乃是叫人安靜。」（哥林多前書 14：32-33）

1. 教會中有清楚的領袖與權柄
2. 教會明確的組織與決策機制
3. 強調彼此尊重、相愛、合一

過去，在靈恩運動開始的時候，教會裡面有一些人，恣意領受神的話就說出來，這種恩賜彰顯的時候，常常會讓人覺得很脫序。以聖經來看，其實聖靈運行在教會當中，不是叫人混亂，乃是要叫人家有秩序的，這裡說先知的靈，原是順服先知的，它是有權柄秩序在教會裡面運作的。所以在教會當中，當恩賜運行出來之後，要有一種屬靈的權柄遮蓋，最好要有明確的組織跟決策的機制，就可以勇敢的讓聖靈的恩賜和恩膏釋放出來。在教會裡面也要彼此的尊重、相愛和合一，大家都願意看見聖靈的運行在教會裡面，大家都很期

待每個人的恩賜能夠被發展成全。

提供操練的場域

在教會當中如果只有教導，卻沒有機會運用聖靈的恩賜，其實很難讓恩賜在教會成熟地運作。所以在旌旗教會，我們充分歡迎聖靈，並且鼓勵大家操練屬靈恩賜。

1. 在主日中，安排禱告的時間服事弟兄姊妹與新朋友。
2. 在小組聚會或探訪中使用恩賜服事。
3. 在外展小組傳福音時，勇敢使用預言的恩賜讓新朋友經歷神。
4. 在 E1、E2、E3，及培育課程中運用恩賜。
5. 在領袖之夜運用恩賜，讓同工越發熟練。
6. 舉辦經歷神蹟佈道會，恩賜更多被彰顯釋放。

教會領袖如果能了解聖靈的恩賜是聖靈賜給教會的禮物，帶領每個弟兄姐妹受真理的裝備，在順服權柄的架構裡面，勇敢地發展聖靈的恩賜，將會讓更多人透過預言的服事彼此得堅固，而且會成為傳福音很好的工具。

當恩賜發展更加豐滿的時候，五重職事的職分會在教會裡面慢慢彰顯出來。教會越到末後的世代，聖靈越要透過教會彰顯神的能力，聖靈既然已經把恩賜賜給祂的教會了，我們更應該按照聖經所教導的，在安靜有秩序、神同在的恩膏當中，來釋放、鼓勵、操練屬靈的恩賜。

資源國度化

第六支柱

一個健康的教會應該要充滿國度眼光，成為願意慷慨分享的教會。教會在這樣子的思維裡，才能夠除了自己教會的建造之外，也參與跟基督的眾身體連結在一起，成為一個資源共享的教會。

多年前，新加坡的鄺建雄牧師來台灣做小組教會分享的時候，講了一個虛構的小故事，當時讓我印象非常深刻。他說在中東地區，有一個很有錢的企業家，他投資了一個煉油廠，然後花了非常多錢，使用最先進的電腦設備等等，把當地的原油汲取出來之後，再做很多的分類分析，然後建造了一個最先進的煉油廠。當這個煉油廠竣工之後，這個企業家就辦了一個國際記者會，在這個國際記者會裡面，他跟所有記者說明，這個煉油廠投資多麼龐大，設備多麼先進，讓整個煉油廠可以多麼有效地運作。

當這個企業家整個都說明完之後，有一個記者發問說：「請問大老闆，你投資這麼龐大的一個煉油廠，一年可以輸出多少油？」那個企業家聽完就回答：「沒有！我們沒有輸出任何的油。」大家覺得很奇怪，投資這麼大的一個設備，設備這麼精良，怎麼可能沒有任何的輸出？那你煉出來的油用到哪裡去？這個企業家就說：「我們煉出來的油，全部用在這整套系統的運作當中，整個就用完了。」

當然這是一個笑話，但是我記得鄺牧師那一次講完這個笑話，大家哄堂大笑之後，他接著就說：「其實很多教會也是這樣子。」

鄺牧師的意思就是說，當上帝把一間教會建立在一個地區、一個城市的時候，這個教會從某個層面來說，意義上也像是屬靈的煉油廠。透過這個教會在這個城市，這個教會得到很多包括人才、金錢、恩賜等各種的資源，可是很多教會把這一切的資源，光用在自己教會身上就用完了。但是這個世界其它的地方，還需要傳播福音，還需要建立更多的教會，有很多的弱勢需要幫助，如果一個教會，都把自己所得到的資源，在自己教會的運作跟建造上面耗盡的話，其實就好像一個沒有輸出的煉油廠一樣。

教會像一座煉油廠，重在輸出

鄺建雄牧師講這個故事的時候，我內心受到非常大的衝擊，那時候我們還沒有建立旌旗教會。我省思，自己從小到大，去過幾個不同的教會，發現的確如同鄺牧師所說的那樣，教會裡面固然有很多的人才、資源、奉獻，但大部分都是用在自己教會的需要，我們很少想到說這些人才、資源、奉獻，該如何貢獻到整個城市國家，甚至到任何需要神國度資源的地方！所以當我們開始建立旌旗教會之後，我覺得教會真的要像一座煉油廠，重在輸出。意思就是說，煉油廠不能夠只有採油，而沒有輸出，如果是這樣，這座煉油廠存在是沒有意義的。所以一個煉油廠它最重要的意義是，它能夠產出多

少的原油？對教會來說也是，一個教會要關注能夠輸出多少
的宣教、福音、關懷，對這個世界發揮影響力。

教會必須同時執行四個領域的宣教

教會必須同時在四個領域裡面宣教（耶路撒冷、猶太、
撒瑪利亞、地極），這是我們建立旌旗教會之後，放在我心
裡面一個很強烈對教會的看法。

從聖經上來看，耶穌說：「聖靈降臨在你們身上，你們
並要在耶路撒冷、猶太全地、撒瑪利亞直到地極為我作見
證。」耶穌特別提到說：「並要在」，其實就是指「同時要
在」。就是說一間教會不管它多大多小，它應該「同時」在四
個領域宣教。

耶路撒冷比較是他自己的城市，猶太全地也許是他自己
的國家，撒瑪利亞有點像同文同種，但可能是不同的地區或
國家，對台灣來講也許是普世的華人。還有地極，比較是指
異文化：別的國家、別的文化、別的民族的人。

很多時候我們可能會有一個概念：我的城市都還沒有傳，
我的社區都還沒有傳好福音，我怎麼可能去向其它城市或地
區傳福音？或者，我的城市都還沒有傳完福音，我怎麼能夠
向全國傳福音？或者我的國家的福音都還沒傳完，我有需要
到別的國家去傳福音嗎？如果這樣子想的話，其實福音會永
遠被拘鎖在一個地區跟一個城市。初代教會如果這樣想，大

概福音是傳不出耶路撒冷的。

我相信聖經中教導我們，教會不能說我有多少資源，我才能夠做多少事情，我們要先想神要我們做什麼，我們先回應大使命，神就會把資源帶給我們。這是教會運作的奧秘之處，如果教會願意輸出、給予，那麼我相信神能夠藉著教會，產生非常大的影響力。

教會須彼此連結，關懷轉化城市

我們若看見城市的一些需要，教會應該要來提供資源，不論是金錢或人力，來滿足那一個需要，那教會若看見世界有什麼樣的需要，也應該提出資源供應整個世界的需要。教會之間更必須彼此連結，形成相互支持的網絡，一起來執行轉化所處城市的共同策略。

如果旌旗教會的發展目標是自己的教會要增長，那當然我可以不用太在乎別的教會，還有跟別的教會之間的關係。但是一開始建立旌旗教會的時候，神就跟我說，神不只要祝福一間教會，神更是要透過這一個城市的教會，來祝福這一個城市。如果是神要得著整個城市，那教會就不能單獨運作完成這個任務。所以 2001 年，在旌旗教會建立大概 5、6 年之後，我們跟台中其他教會牧者，就組織了台中教會發展策略聯盟協會，我們產生共同的策略，一起祝福轉化城市。

若要跟其他教會聯合完成神國度的事情，那麼教會就必

須要有所給予。我認為最基本的就是要鼓勵所有的弟兄姐妹
十一奉獻,盡信徒應盡的本分。同樣的原則,我也認為每一
間教會也應該至少把它的十分之一奉獻在神的國度裡面,也
就是說,每一間教會的收入的十分之一,應該要拿來放在跟
其它的教會連結,或者用在城市轉化、祝福神的國度上面。

　　建立旌旗教會不久之後,大概在 1996 年,我們就透過
當時的福音協進會,支持他們所做的印度宣教。那時候一個
月只要一千塊台幣,就可以支持一位印度的宣教士,因為那
時候他們的經濟收入水平比較低。當時我們覺得:雖然我們
現在人還不能去印度,但是如果能夠支持當地的宣教工作,
也算是插股地極。於是我們教會一個月奉獻一萬塊錢,支
持 10 位宣教士,在印度做傳福音的工作,一直持續支持到
旌旗教會開始自己做海外的宣教跟植堂的工作才停止。無論
如何,我們覺得每一間教會應該要按著它的能力來做耶路撒
冷、猶太全地、撒瑪利亞還有地極的宣教工作。

旌旗教會領受給出 50% 的呼召

　　在建立旌旗教會不久之後,我們一直持續對外奉獻,但
到了 2009 年有一件特別的事情發生,這對旌旗教會產生一
個頗大的影響。

　　我們曾在 2008 年,從美國邀請一位客座講員貝克博士
(Dr. Bekker)來分享信息。我在私下跟他聊天的時候,他跟
我說當時他參加在美國紐澤西,維吉尼亞海灘東岸那邊的一

間教會，那間教會不是很大，但那間教會把每個月經常費的收入，奉獻出百分之五十到別的教會或其他有需要的地方。貝克博士跟我講到這件事的時候，我印象非常深刻，我覺得有一間教會可以這樣做，真的讓我很欽佩！

我每年都會安排個人的退修會，大概會有三到五天，去到一個退修場地，然後自己一個人在那地方親近神、讀聖經禱告。記得 2009 年我在個人退修會的時候，我覺得神好像跟我說，神要鼓勵旌旗教會，也把收入的百分之五十奉獻出去。當我聽到神這樣說的時候，我覺得這對我來講真是不可思議的想法，當時旌旗教會一路以來都沒有多餘的錢，幾乎都是月光族、年光族，每個月教會發完薪水，差不多沒有剩餘了，我們已經對外做十一奉獻，這樣子已經盡力了。但是好像聖靈再一次的鼓勵和提醒我，領受一個旌旗教會要給出百分之五十的呼召。

當我在個人退修會領受到這個呼召，我想說可能這是我個人的感動，不一定是出於神，我想等個人退修會結束，回到教會之後，徵詢同工的意見，若他們也有這樣的感動，才能確定是神的心意。結果我太太以及一些核心的同工，他們也覺得可行。因此我就做了一個計劃，我跟神說我們不可能立刻就給出百分之五十，我說：神祢能不能給我 10 年的時間，我從現在給出百分之十、十三、十五，慢慢提升到有一天，我們可以達到給出百分之五十，然後我覺得聖靈好像跟我說：10 年太慢。然後，我就問那 5 年好不好？我覺得聖靈好像就安靜了，就覺得好像神默認 5 年，所以我就做了旌旗教會經常費給出的規劃，如下圖。

※ 2009 年，我們經常費大概給出13%。到了2013年那一年，我們真的達到給出 50.2%，後面這幾年，有時候我們有高一點，有些時候比較低一點，最近這幾年比較沒有給到那麼多，但這一直是我們很重要的目標。

旌旗教會對外奉獻的領域

我以 2017 年這一年的奉獻說明爲例，分享旌旗教會如何分配奉獻金額的比例。我認爲給予是非常有力量的，每一間教會如果願意把資源拿出來分享給神的國度，神的國度將能夠更有效地擴張跟廣傳。

■ 2017 年給出的內容

2017年給出50%統計（區間：1/1-12/31）		
A.地極宣教：異文化宣教-柬埔寨、越南、巴紐、中東非洲、日本等地的宣教事工支持(植堂、人事、機票及其他事工經費支持等)。	10,356,223	16.70%
B.撒瑪利亞：中國、北美、紐西蘭等海外植堂、普世華人教會宣教事工支持經費(植堂、人事、機票及其他事工經費支持等)。	16,439,798	26.51%
C.猶太全地：旌旗台灣植堂、支持台基盟、台灣其他教會、機構、傳道人、各地教會連結事工、旌旗培育系統分享等支出。(台灣非台中地區)	20,035,733	32.31%
D.耶路撒冷：支持台中策盟、城市媒體宣教、社服關懷、下一代教育、家長事工、支持牧者與新開拓教會、旌旗新拓分堂點支出。(原則為台中地區)	15,179,335	24.48%
2017年實際給出：40.01%	合計 62.011.089	100.00%

神很喜悅我們做一個給予者。當我們願意這樣子給的時候，神也沒有虧待我們。即便當旌旗教會在 2013 開始建堂的那 3 年，我們也還有能力，沒有減少對外的支出。因爲我們不斷地給予，其實神也不斷地供應我們，讓我們沒有匱

乏，在 2020 年疫情蔓延的一年，我們也看見神的供應在我們當中沒有減少，為此我們真的非常感恩。

旌旗教會從 2009 開始試著這樣子給予的時候，說真的我們還不是那麼完美，我們真的常常沒有辦法達到給出百分之五十，但我們每一年都在努力達到這個目標。當我們鼓勵弟兄姐妹十一奉獻的時候，我想每間教會都可以拿出它的十一，來祝福城市其它的教會、其它的團體或者神國度的發展，或者在宣教植堂上面來投資。

我們能夠這樣做的時候，我們就會像一個煉油廠，把油煉出來之後，輸出到這個世界上有需要的地區和國家。如果每一間教會都可以這樣做，不論大教會小教會，每一間教會都給出百分之十、百分之二十甚至多一點達到百分之三十、四十的話，試想神的國度將會多麼豐富。

我相信這是神在末後的心意，每一間教會都可以成為很豐沛的煉油廠！而且我相信就像耶穌說，你有給人的就必有給你的，而且是用十足的升斗連搖帶按，上尖下流的傾倒在你的懷中。神給我們的，有時候不一定是金錢，而是給我們看到非常好的策略，有效地把教會做得更加健康，福音能夠更有效地廣傳。我相信如果每一間教會，都願意這樣子做，盡可能成為一個給予的教會，來輸出跟供應別人的教會，我相信這一間教會，也會是一個非常健康的教會。

異象全球化

旌旗教會以及全世界的華人教會，我們都應該來尋求、思想神對華人的命定。異象如果只是談自己的城市或地區，或只談自己教會的發展，這樣真的很受限，我們可以思考教會如何能把福音傳遍這個世界？

讓異象全球化吧！當我們願意回應神的呼召，相信神必大大與我們同在。

第七支柱

從歷史上來看，福音是往西傳的，一開始是保羅、西拉還有提摩太，他們這個團隊把福音從耶路撒冷帶到歐洲大陸。所以初代教會，大約在公元 300 年左右，福音已經傳遍整個歐洲地區。後來我們看到清教徒或者天主教的傳福音工作，繼續把歐洲的福音傳到美洲大陸，所以美洲也成為一個很多人認識主、信主的地區。大概到 20 世紀的時候，福音藉著殖民運動傳到了全世界所有的第三世界或其它地區，包括李文斯頓去到非洲、威廉克理去到印度、馬偕和馬雅各來到台灣、戴德生去到中國，還有很多的宣教士去到日本、韓國，我想那真是一個宣教大世紀。

世上還有許多福音未得之地

目前就全世界的版圖來說，包括紐澳、北美、南美，或者是非洲在撒哈拉沙漠以南、歐洲東歐或者北歐這一邊，大部分都是基督教的國家，而最少聽見福音或信耶穌的地方，則是中東地區、印度、中國等地，這些國家都是人口非常密集的地方。

我希望每間教會要把異象放在全球來思維，因為耶穌說，你們要去使萬民作我的門徒，每一間教會如果認真回應耶穌的大使命，而不是覺得說，我只要傳福音給我的社區，或傳福音給我的城市就好。事實上耶穌在頒布大使命，當耶穌跟他們說，你們要去使萬民作主的門徒的時候，現場只有11個人。如果我們任何一間教會，人數多過11個人，我們都應該有全球的思維，都應該有萬國的思維。

神把旌旗教會放在遠東這個獨特的地理位置上，影響了台灣並中國大陸，若在這當中的華人，願意先起來領受福音的祝福，領受上帝的救恩，不光是如此，更願意把福音傳回耶路撒冷，讓這區塊所有的民族、國家，成千上萬、數以億計的百姓，他們能有機會聽見福音、建立教會，成為一個上帝的兒女跟門徒，我想這便是回應了關於神的大使命的重要內涵。

旌旗教會願意回應神對華人宣教的命定

台灣旌旗教會異象

旌旗教會將從台灣並中國大陸差派出成千上萬的宣教士，是一支龐大而強勁的宣教軍隊，足跡踏遍中國、亞洲、世界許多福音未得之地，贏得靈魂歸主，且成全聖徒，各盡其職，在各處建立剛強榮耀的教會，宣告神國度的禧年，使遍地充滿神的榮耀。

Taiwan Banner's Vision

Banner church will send tens of thousands of missionaries from Taiwan and China. This will be a great and strong mission army. Our footprints will be seen in China, all of Asia, and in the un-reached nations of the world. Our vision is to win the lost to the Lord and to equip the saints for the work of ministry. Our calling is to build strong churches all over the world, proclaiming God's year of jubilee, and filling the whole earth with the glory of God.

上面提到的旌旗教會的異象，是我們在 1994 要跨年到 1995 年時就宣告的。雖然旌旗教會一開始只有 20 幾個人，但那個時候我們就宣告教會的存在，要讓它異象全球化。雖然到今天為止，我們仍然離這個異象還很遙遠，但是這 25

年來，我們看見神真的一點一滴地帶領我們，慢慢往這個異象前進，我們也看見這個異象越來越可能發生。所以我也相信，當我們有異象的時候，我們做很多的決策思維，或資源運作的時候，都會跟這個異象有關。

關乎華人的幾項命定

1. 神必使全世界認識祂，並歸榮耀給祂，這是神永恆的心意。
2. 中國大陸是全世界人口最多的國家，也將是全世界歸主人數最多的國家。
3. 旌旗教會在贏得全球華人歸主，並在興起華人宣教浪潮的使命上，具有舉足輕重的角色。
4. 我們相信旌旗教會是神使用華人來完成大使命的重要器皿。

台灣過去的年日，教會有很多增長跟復興，朱三才牧師曾經做了台灣基督徒的人數統計，在 1989 年大概是 2.2%，在 2017 年最後一次的人數統計，依照他的方法來計算，台灣的基督徒比例是 6.9%，成長率超過300%。在歷史上，30 年之內基督徒人數在一個國家或地區，有這樣子的成長幅度，算是非常少有的事情。我們相信在中國大陸的成長更大，我們也相信在東南亞很多地區基督徒人數都有大幅成長。

這就是神要讓福音傳遍全世界的重要徵兆，神自己動這個工，教會也要參與投入在這個運動當中。經驗告訴我：當我們把眼光格局放在全球、整個世界的需要，神就真的把我

們帶到那個地步，讓我們看見教會可以把福音傳遍世界每一個角落。

旌旗教會的植堂運動

■ 台灣的植堂運動
  1. 持續不斷差出植堂團隊
  2. 在台灣都會區拓殖分堂
  3. 台灣旌旗一起海外宣教

板橋 -50 人
林口 -30 人
台北 -300 人
桃園 -160 人
北青 -110 人
苗栗 -90 人
中壢 -280 人
新竹 -180 人
中苗 -70 人
台中 -5500 人
彰化 -280 人
員林 -140 人
斗六 -70 人
二林 -50 人
嘉義 -120 人
台南 -210 人
永康 -85 人
安平 -85 人
沿著高鐵建立教會
高雄 -380 人

※1995-2020 年當中，旌旗教會沿著台灣高鐵建立了很多教會，我們相信透過這樣子，福音可以更有效地遍傳台灣。

2020 年 9 月統計

神預備旌旗贏得中國為產業

我在 1993 年的時候，有一個機會去到中國大陸武漢的武昌市。那裡有一個武昌革命會館，我們在裡面看到一幅書畫，其中有一句話寫著：「滿眼旌旗驚世變」。我們看到書畫上面這句話時，當下覺得很驚訝，因為那時候我們還未叫做旌旗教會，而是叫做旌旗使命團，而且我們正興起在中國宣教的熱情。所以好像上帝透過這個字畫給我們一個回應與預兆：有一天旌旗會插滿整個中國！此後我們就持續禱告，盼望有一天這樣的事情會發生。

後來，不只在中國，旌旗教會也在北美、紐澳以及其它的地區建立教會。我們希望有一天旌旗能夠將教會遍植在全世界。如果我們的異象是要看見全球歸主，要看見福音傳遍全世界，那麼神的權柄跟同在，就會把教會帶到那個地步去。我很深刻地體會到這個奧秘跟屬靈的真理，所以我要鼓勵每一間教會，每一個教會的領袖，一定要把異象的格局拉到全球化。我們不能夠只想著自己的教會、自己的城 市、自己的地區或自己的族群，我們一定要想到：全球、萬民、萬國、萬族，都可以來歸向神。

旌旗教會植堂果效分析

　　我們認為教會建立起來之後，要再去開拓出新的教會。所以對旌旗教會來講，植堂會成為一種運動，每一間教會開拓出來之後，它會再持續開拓新的教會，那麼幾代之後，我們就會看見遍地都會充滿教會，透過這樣子把教會帶到一個更有影響力的地步，可以看見福音有果效地廣傳，讓更多人來信主。

　　神也鼓勵每一間教會，不要害怕自己人少或人多，資源夠或不夠，如果我們的異象是全球化，希望看見更多教會被建造起來，而不只是自己這一間教會，那麼神一定與我們同在，上帝一定會大大的幫助我們，讓我們有效地來傳揚福音。

旌旗教會相信：

　　「如果一個人完全降服基督，他可以成就超自然的事；如果一間教會完全降服基督，他們可以成就無限可能的事！」

■ **2020/9 旌旗宣教植堂現況**

台灣分堂點 **31** 間

海外分堂點 **40** 間

旌旗全球分堂點總計 **71** 間

長期宣教士 **54** 位（台灣 **26** 位、海外 **28** 位）

■ 植堂效果分析

1. 嚴格而論，旌旗從 2010 年起才有效植堂。
2. 現況：台中母堂 5379 人，所有分堂 3669 人。
3. 若將台中的分點均計入植堂運動部分：

   台中母體 **3560** 人（扣除大台中分點 1819 人）

   植堂總加 **5488** 人（從 2010 年到現今，僅 10 年）

※ 2010 年開始，旌旗教會的培育系統、各方面機制更加整全之後，植堂運動開始產生果效。自 2010 年植堂到 2020 年，總共十年，植堂運動總加有五千多人，但是母體經過 25 年才三千多人。從這個數字可以看得到，如果我們要有效的傳福音，植堂運動是一個非常重要的方法論。

■ 植健康教會七大支柱

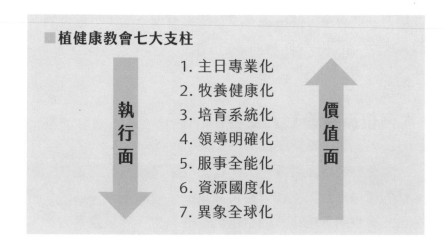

執行面

1. 主日專業化
2. 牧養健康化
3. 培育系統化
4. 領導明確化
5. 服事全能化
6. 資源國度化
7. 異象全球化

價值面

從執行面來看七大支柱

當一個牧師想要開拓一間教會，並且是一間健康的教會時，我建議第一個要思考的是，你的主日有沒有專業化。再來你要思考的是，你的牧養有沒有健康化，你的小組牧養系

統如何，你要把主日跟小組的牧養健康化、專業化之後，再來植入培育系統。等培育系統也明確植入之後，就要著重在教會的發展，這發展要靠有效的組織和運作。這時候，領導的明確化就非常重要。

當教會繼續發展下去，靠著人的力量是沒有辦法來讓教會增長，或產生很大的影響力，我們必須要倚靠聖靈的大能，我們需要聖靈的恩賜、權能運行在教會當中，我們才能夠看見教會無限止地往外增展。我們如果願意成為一個慷慨給予的教會，願意把上帝祝福這一間教會的資源，不論軟體、硬體都貢獻給神的國度，來幫助神國度的拓展，那麼神會更加祝福這一間教會，最後神會讓這間教會對全球產生極大的影響力。

從價值面來看七大支柱

若要從價值面來看七大支柱，我則建議教會首先有一個全球的異象：要把福音傳給萬民萬族，要擁抱大使命、大誡命，然後也願意成為一個給予分享的教會。無論教會大小，這間教會願意從很小的時候，就開始給出百分之十，甚至給出更多的資源，像我們鼓勵旌旗教會的每一個弟兄姐妹，不是等收入很多才十一奉獻，在他收入很少的時候，就開始十一奉獻，這樣子他就會成為一個靈命健康的基督徒。教會也是一樣，每一間教會不論收入多少，如果我們都願意拿出一點資源，開始來祝福國度，然後更多地倚靠聖靈，領導明確，那麼我相信神會繼續興旺這一間教會。

總結關於基督的教會

1. 教會是屬於基督的；祂要來建造祂的教會
2. 教會勝過陰間權柄；教會擁有最高的權柄
3. 教會藉神的道潔淨；真理的啟示越發整全
4. 教會命定得著榮耀；越末後會越聖潔榮耀

> 「我還告訴你：你是彼得，我要在這磐石上建立我的教
> 會，陰間的門不能勝過它。我要把天國的鑰匙賜給你，
> 你在地上所捆綁的，在天上將是已經被捆綁了的；你
> 在地上所釋放的，在天上將是被釋放了的。」（馬太福
> 音 16：18-19）

　　這段聖經節，真的很值得我們深思。「教會」這個詞出現
在耶穌傳道的時候，當耶穌論述到教會的時候，祂提到祂已
經賦予教會極大的權柄，我們跟耶穌是連結在一起的，我們
在這個地上是代表祂，是祂的出口，是祂的代理人。如果我
們有這樣的思維，就知道我們擁有多大的權柄，同時我們要
很謹慎地按照神的樣式、神的指示來建造教會。因為教會是
基督的，不是你的、我的，我們不能夠自己決定要怎樣做，
我們必須要順服聖靈，還有聖經對教會的教導。

> 「基督愛教會，為教會捨己。要用水藉著道把教會洗
> 淨，成為聖潔，可以獻給自己，作個榮耀的教會，毫
> 無玷污、皺紋等類的病，乃是聖潔沒有瑕疵的。」（以
> 弗所書 5：25-27）

「我又看見聖城新耶路撒冷由神那裡從天而降，預備好了，就如新婦妝飾整齊，等候丈夫。」（啟示錄 21：2）

　　我覺得意義上來說，水預表聖靈，好像泉源一樣在教會，而聖靈必須跟神的道結合，當聖靈還有神的話，充滿在教會的時候，教會會越來越聖潔，越來越榮耀。我們都知道聖城新耶路撒冷，預表新婦教會，顯然等到耶穌基督要來迎娶祂的教會時，教會應該好像新娘子一樣妝飾整齊了。如果對照前面那一段聖經，神在越末後的世代，神要不斷地裝扮祂的教會，用水藉著道把教會洗乾淨。

「這殿後來的榮耀必大過先前的榮耀；在這地方我必賜平安。這是萬軍之耶和華說的。」（哈該書 2：9）

　　教會在二千年來的歷史當中，有一些軟弱失敗，也做錯過很多事情，這是我們必須要承認的地方。但是當我們越來越明白聖靈的心意，越來越明白神的道時，神要用聖靈跟祂的道，把教會妝扮整齊，那教會會越來越榮耀，越來越聖潔，如同預備好的新娘，那時候基督就要再來迎娶祂的教會。

　　我求主幫助每一位教會的牧者領袖，可以同心合意地來建造基督的教會。我宣告這殿後來的榮耀，必大過先前的榮耀，神說在這個地方要賜平安，我相信神預備祂的教會，預備祂的聖殿，越到末後會越榮耀。期待透過分享健康教會的七大支柱，能夠幫助所有的牧者、教會領袖，我們有更寬廣的心，讓聖靈帶領我們，建造祂末後世代健康聖潔榮耀的教會。

我為每一位投入建造榮耀教會的人禱告：

阿爸父神我奉祢的名，

祝福每一位閱讀健康教會七大支柱的教會領袖、

同工、牧者、弟兄姐妹。

主，我求祢把一個對榮耀教會的藍圖、期待和心意，

放在我們心中，

知道祢在末後的日子，

祢要建造剛強榮耀的教會。

越到末後的日子，

祢要讓祢的教會妝扮整齊，

成為一個聖潔的新婦，

好讓基督可以來迎娶。

主，謝謝祢讓我們參與在末後世代教會的建造當中，

也祝福我們每一個人，

來領受這樣的異象。

讓我們可以同心合意，

建造剛強、興盛、健康的教會，

禱告宣告奉耶穌基督的名，

阿們！

作　　者　蕭祥修
編　　審　劉育孜
圖片提供　旌旗教會
封面攝影　廖智斌

總 編 輯　張芳玲
編輯主任　張焙宜
美術設計　艾瑞克

太雅出版社
TEL：(02)2368-7911　FAX：(02)2368-1531
E-mail：taiya@morningstar.com.tw
基督教「合作出版」業務，請洽太雅出版社
太雅網址：http://taiya.morningstar.com.tw
購書網址：http://www.morningstar.com.tw
讀者專線：(02)2367-2044、(02)2367-2047

出 版 者　太雅出版有限公司
　　　　　106 台北市大安區辛亥路一段 30 號 9 樓
　　　　　行政院新聞局局版台業字第五〇〇四號

總 經 銷　知己圖書股份有限公司
　　　　　106 台北市辛亥路一段 30 號 9 樓
　　　　　TEL：(02)2367-2044 ／ 2367-2047　FAX：(02)2363-5741
　　　　　網路書店 http://www.morningstar.com.tw
　　　　　郵政劃撥 15060393(知己圖書股份有限公司)

法律顧問　陳思成律師
印　　刷　上好印刷股份有限公司　TEL：(04)2315-0280
裝　　訂　大和精緻製訂股份有限公司　TEL：(04)2311-0221

初　　版　西元 2021 年 4 月 10 日
初版二刷　西元 2022 年 6 月 10 日
定　　價　399 元

(本書如有破損或缺頁，退換書請寄至：台中市西屯區工業 30 路 1 號　太雅出版倉儲部收)

ISBN 978-986-336-408-5
Published by TAIYA Publishing Co.,Ltd.
Printed in Taiwan

國家圖書館出版品預行編目 (CIP) 資料

竭力愛神 / 蕭祥修作 . -- 初版 . -- 臺北市
：太雅出版有限公司 , 2021.04
　面；　公分 . -- (轉化；1)
ISBN 978-986-336-408-5 (平裝)

1. 基督徒　2. 信仰

244.9　　　　　　　　　　110003198